島薗 進
高埜利彦
林 淳
若尾政希……………編

Religion
and
the Japanese

シリーズ日本人と宗教 近世から近代へ 3

生と死

春秋社

シリーズ日本人と宗教——近世から近代へ　第三巻　生と死

目次

シリーズ日本人と宗教——近世から近代へ　第三巻　生と死

序章　死生観の近世と近代

島薗　進

一　来世志向から現世志向へ

死後の救いの信仰の変化

死後の救いの約束が宗教にとって中心的なテーマだとする宗教理解がある（たとえば、加地伸行『儒教とはなにか』）。「死後人はどうなるのか」について、人類は大いに関心をもってきた。そして、それを分節化し伝える文化装置は他のどこよりも、宗教とよばれてきたものに見いだされるだろう。

だが、宗教はこの世で何を尊び、どう生きるかを教える文化装置として捉えることもできる。だから、別に「死後」に大きな関心を寄せなくても宗教は成り立つ。「死後」に重きが置かれる宗教とそれほどでもない宗教がある。キリスト教とイスラームは「死後」の比重が大きい。仏教でも浄土教は「死後」に力点がある。だが、古代のユダヤ教、禅仏教、原始仏教、儒教はどうか。キリスト教でも近代西洋のキリスト教ではどうか。また、一九世紀初頭以来、伝統仏教にかわって人々の支持を集めるようになった日本の新宗教はどうか。

宗教をめぐる以上のような問いは、日本の近世・近代の宗教と死生観、また両者の関係を考えるときに重要な意義をもっている。これは日本中世の死生観を浄土信仰、とりわけ西方極楽浄土への往生を信じる浄土教の浸透という角度から総括する見方と関わっている。来世志向から現世志向へという大きな展望の下に中世から近世・近代への展開を捉えるものだ。

中世には来世と現世を明確に対置する世界観が広まった。強い超越性をもつ仏およびそれに対応する来世と、この世の現実に拘束された人間とが厳しく二元的に対置された。だが、近世に入るとこうした対置は和らげられていく。宗教は死後に来世で達成される救いの約束と、そのための念仏や祈りやその他のどちらかと言えば日常生活とは切り離された実践を説くよりも、この世で達成される救いを目指し、この世の生活のなかでの実践を強調するようになる。

こうした展開の上で、近代、とくに昭和期には新宗教の救済観は注目すべきものだ。対馬路人らの論考によれば、黒住教・天理教・金光教・本門仏立宗から創価学会、立正佼成会、世界救世教等に至る新宗教の救済観は「生命主義的救済観」という語で要約される（対馬路人・西山茂・島薗進・白水寛子「新宗教における生命主義的救済観」『思想』六六五号）。この論考では、新宗教の救済観を「生命主義」と特徴づけているが、また「現世中心主義の救済観」ともよんでいる。そしてそれは、伝統仏教の「彼岸志向的救済観」に対置されている。

墓制から捉えた死生観の変遷

近年、さらに大きな展望の下に死生観の変化を捉える有力な書物が刊行されている。佐藤弘夫『死者のゆくえ』（岩田書院、二〇〇八年）である。「新宗教における生命主義的救済観」では、新宗教の救済思想と伝統仏教の救済思想が対比され、ある変化が指摘されているが、それが日本の宗教文化の中でどれほどの広がりや重みをもつものであるかは論じられていない。それに対して、『死者のゆくえ』は死体の処理の仕方と墓制という視点を主軸に、古代から現代に至るまでの来世観・他界観と霊魂観の歴史が展望されていて、それは日本人の死生観の変化の大筋を描くものと見なされている。

佐藤によると、古代においては人間とカミ・死者とは同じ世界を共有していた。死後、別次元の超越的世界に移るという観念はなかった。超越的世界や死者の空間はこの世に内在しており、それ自身として独立していなかった。肉体と霊魂が分離するという観念は強かったが、霊魂がどこかに定着するという観念は弱かった。さまざまな場所を移り動くことができる存在だが、それはこの世から遠い別世界の観念にはつながらなかった。

中世になると様子が変わってくる。仏教が本格的に受容され、浄土信仰が浸透していくと、死後、この世と断絶した遠い他界である浄土に往生するという観念が広まる。これに対応して、一二世紀から一三世紀へと死者を表象する碑や場所が急速に増えていく。聖者や垂迹神のいる「霊場」へと死体が葬られる機会が増えていく。納骨という信仰行為もこの時期以降に広まっていく。それは死後、霊魂は生者とは異なる次元に移っていき、かんたんに帰ってくることはないという観念に対応している。

近世・近代の死生観の変容

ところが中世後期から近世へと再度、死生観は大きく変動する。中世前期に圧倒的なリアリティをもって浸透していった他界浄土の観念が縮小していく。

往生の対象としての遠い浄土のイメージが色あせ、現世こそが唯一の実態であるという見方が広まっていく。その結果、死者の安穏は遠い浄土への旅立ちではなく、この世界の内部にある墓地に眠り、子孫の定期的な来訪と読経の声を聞くことにあると信じられるようになった。それは逆の言い方をすれば、自分もまた、死後は墓の中から懐かしい人々の生活ぶりを見続けることができるという意識の目覚めにほかならなかった。「草葉の陰で眠る」という近代人が共有する感覚は、こうした世界観の転換を経て、江戸時代以降に徐々に形成された観念だったのである。

（『死者のゆくえ』、二〇九〜二一〇頁）

死者はその遺骨とともに、永遠に墓地に留まり続けると観念されることになる。檀家制度とともに寺院境内の墓地が普及したり、村落内に墓地がおかれたりするのは中世から近世への移行期以来の現象だ。近代以前に成立した寺院は、その大半は一六世紀から一七世紀にかけて開創されたことは多くの歴史家によって確認されてきている。死者が生者の近くに留まり続けるという観念はこの時期以降に定着したものだと佐藤は説いている。

このように他界観・霊魂観の歴史的変化を強調する見方は、柳田国男以来、民俗学者を中心に諸分野の学者が採用してきた通歴史的な「日本人の死生観」という見方を覆そうとするものだ。柳田は生活の場と近いところに死者の霊は留まるという信仰が日本の「固有信仰」であると見なした。死者の留まる場としては山が考えられている場が多かった。そしてそれは古代以来（稲作農耕文化の流入以来）、変わることなくそうだったという。しかし、佐藤の見るところでは、生者と死者が近い空間に住むという死生観は、近世においてこそ固められていったものだということになる（同前、序章）。

この第三巻「生と死」の諸章の論考は、佐藤が示した以上のような展望と符節を合わせるところが多い。だが、必ずしも佐藤の論とは一致しないような論旨も含まれている。また、佐藤が示したような展望とは異なる角度から死生観を捉えることを促す論考もある。以下では、『死生観のゆくえ』の展望を意識しながら、それとは異なる視座がどのように提示されているかに力点を置いて本巻の全容を概観していくことにしたい。

二　死者儀礼システムと死生観

葬式仏教では超越性が欠如している？

死生観の変容を考える際に、死者儀礼（葬祭）システムやそれと結びついた墓のあり方に注目するのは分かりやすいところだ。近世初期にはこの点で大きな展開があった。言うまでもなく仏教による葬祭が広く諸地域の住民に及んだということだ。これは、江戸幕府の成立以前の段階でかなり進んでいたものが、キリシタン禁制に伴う強制的な檀家制度の導入によって一段と強力におし進められたものである。それは、後に葬式仏教とよばれるような仏教的形態をとった葬祭儀礼システムに具体化していく。島原の乱以後に画一的に普及していった寺檀関係によって、家の先祖祭祀を行う儀礼システムが仏教実践の基軸となっていく（圭室諦成『葬式仏教』）。

柳田国男の理解では、これは「固有信仰」である先祖信仰が仏教の衣を着たものにすぎず、日本人の信仰の核心は変わっていないということになる。仏教に現世否定的な教えがあったとしても、それは日本の民衆の信仰に根づくことはなかったとされる。他方、佐藤弘夫の理解では、本州から九州に至る地域の多くの住民もいったんはこの世と隔絶した超越性に従い、遠い他界を志向する方向に進んだ。ところが、近世的な現世志向の文化動向の影響を受けて、この世に留まる霊魂を信仰するようになる転換が進む。そして、その後、近代に至るまでその動向が進行していくということになる。

だが、どちらの見方でも、近世における仏教の現世否定的な側面、来世志向的な側面にはあまり注意が及んでいない。たとえば、仏壇に位牌が置かれるということだが、それは魂が仏壇に留まるということを意味すると佐藤は論じている。だが、仏壇に位牌が置かれることと、南無阿弥陀仏による西方極楽浄土への往生を信じることは矛盾しない。西方極楽浄土に限らず、超越的な仏の悟りと輪廻を越えた仏の世界への「済度」（救い）を強く信じる人々も少なくなかった。これは来世志向ではないだろうか。

如来教の来世信仰

一例として、第三章でも参照されている「如来教」の創始者、一尊如来きの（一七五六〜一八二六）を見てみよう。きのは武家などで奉公をしたり、熱田神宮の門前町に住んで「一文商い」をしたりしていたが、修験道や日蓮宗や金毘羅信仰にふれながら独自の救済思想に達し、信徒が集まるようになった。如来から受けたとされるきのの教えでは、この世は「魔道」の支配の下にある。魔道の支配するこの「悪婆娑《あくしゃば》」を離れ、慈悲深い如来の懐へ、すなわち「能所《よいところ》」へ、「後世」へと旅立つことが人生の目標となる。

この世は悪を犯し、苦しみの種を作る所であり、そこでの人間関係は親子といえどもはかないものだ。如来の目や後世の基準からすれば、この世の生はほんの束の間の出来事にすぎず、わが子や他人の子といった区別はすぐになくなる。人はこの世の苦難をいとわないという如来との約束でこの世に生まれてきている。そのことを思い出し、如来の慈悲をまねて、「心前を直し」、他者に慈愛をほどこせば、自らが死ぬときは自分だけでなく、迷える「三界万霊」をともに「能所《よいところ》」へと導くことができる。如来の慈悲のような「善心」をもった信徒は、死に際して、自らとともに何百人、何千人の霊を後世へと送り届けることができたという。

たとえば、名古屋本町の商人であった青貝屋半七は息子の病気をきっかけに入信したが、息子の死により家業をたたみ、家財を貧乏人に分け、焼き餅、焼き芋などの露天商をして信心一筋の余生を送った。この世をいとい、はるかに遠い完全な世界に魂の原郷を見、そこにいるはずの宇宙の主である如来をひたすら慕うこの近世末の救済思想は、浄土教や日蓮宗の伝統から多くを受け継いでいることが、神田秀雄や浅野美和子の研究によって示されている（神田秀雄『如来教の思想と信仰——教祖在世時代から幕末維新期における』、浅野美和子『女教祖の誕生——「如来教」の祖・媹姾如来喜之』、島薗進『スピリチュアリティの興隆』）。

往生伝における来世信仰

こうした来世志向的な意識は、仏教の諸宗派において珍しいものではなかった。たとえば、浄土宗の世界では「往生伝」と題された書物が度々刊行されており、そこには遠い西方極楽浄土への往生を願い、それを成就したと信じる人々の姿が描き出されている。笠原一男『日本史にみる地獄と極楽』（日本放送出版協会、一九七六年）には、次のような例があげられている。

尼自慶は、宗伍という人の妻で、年をとってから夫婦で剃髪し、極楽往生に志ざす。彼女の人柄は、心は明朗で正直、深く浄土を喜び願った。若いころから念仏を怠らず、毎日普門品を二遍読み、弥陀の名号を唱えること三万遍。彼女は往生の期をさとり、「往生の時が来ました」といって合掌し、高声《こうじょう》に念仏した。そして目を閉じて、「往生はきっと明日であろう」といった。夜明けにおよんで、言葉がもつれてきた。彼女は夫宗伍の手をとって、掌平に「仏」という字を書いた。宗伍は喜んで、「仏の来迎があったのか」とたずねると、彼女は二、三度うなずいて、五更(午前四時)にいたって、眠るが如く息絶えた。彼女の顔は白く、微笑しているようであった。享年五十歳。

(『近世往生伝』一六九五年、『日本史にみる地獄と極楽』、一八五頁)

近世の「往生伝」は浄土教の模範的な信徒が往生していった様子を書き記し、信徒指導に用いようとしたものだから、その点は割り引いて読まなくてはならない。とはいえ、近世には仏教寺院と庶民層の距離が近づくことによって、女性も含め幅広い階層の人々に模範的な浄土信仰が広められていったことも事実だろう。

葬祭仏教と死者観の変容

本巻の第一章「寺檀制度と葬祭仏教」で、朴澤直秀は寺檀制度が仏教寺院の活動にどのように再構成されていくかを見ようとしている。一七世紀中葉に導入された寺檀制度が、仏教を「家」の宗教へと方向づけたという従来からの論が確認されている。仏教は先祖崇敬と結びつき、家族の「縦の団結」(柳田国男『先祖の話』『定本柳田国男集　第一〇巻』)を聖化する機能を強めていった。ただ、「家」の宗教としての葬祭仏教へと向かっていったのは確かであるとしても、それをはみ出すような寺院活動は多かったし、先祖祭祀の枠にはまらない人々も少なくなかったことが示されている。

第四章「先祖・浄土・成仏」で、岩田重則は仏教的先祖祭祀の形成について、仏教の要素を強く退けようとする柳田国男の「固有信仰」論を批判している。そして、まず先祖祭祀の対象とならない「非先祖」に注目している。幽霊として恐れられたり、無縁仏として配慮されたりした存在だ。他方、仏教が庶民に浸透したために世俗になじんだあり方が広がり、批判の対象ともなった。そこから、富士講のように、仏教を批判して神道に傾くような信仰も広まっていった。「非先祖」の顧慮と仏教批判の潮流は、近世後期から近代初期にかけて黒住教、金光教、天理教、大本教などの新しい民衆宗教を生み出す基盤を形作っていく。また、同じ流れから靖国神社や明治神宮に連なるような政治的人格神への信仰も育っていく。

岩田は死生観に仏教とともに神道が大きな位置を占めるようになる動向に注目しているが、主に神道の死者儀礼システムと死生観の展開に注目しているのは、第五章と第七章である。

神道の死者儀礼と死生観

第五章「平田国学と幽冥思想——近世神道における死の主題化」で遠藤潤は、「近世神道の流れの中で、神の側の問題に対して、人の側の問題へと思索が展開し、その一環として死や死後の問題が論じられるようになった」（本書一四四頁）と捉え、そこで大きな貢献をした平田篤胤を取り上げている。篤胤が構想した神道的な死生観においては、先祖祭祀と神祇信仰があい通じるものとされ、皇室神祭祀に原型が求められる。また、死後、霊魂が赴く幽冥の境域が想定されるが、それは穢れと結びつけられる地下のヨミの国とはまったく別の境域とされた。この限りでは現世の政治的秩序に従った他界観のようだが、オオクニヌシによる死後審判という観念が導入されており、死後の〈たま〉のゆくえの多様性が想定されてもいる。

神道の死生観が分節化されていったことは、死生観の現世主義化にそった動きとして理解できる部分が大きい。しかし、死後審判と結びついた幽冥界の観念は、遠い超越的な他界の観念にあい通じる側面をもつ。やがて明治時代になると大本教等の新宗教において、現世と明確に区切られた霊界の観念が大きな位置づけを与えられるようになる。オウム真理教や幸福の科学を含め、一九七〇年代以降に展開するいわゆる「新新宗教」(第四期新宗教)においては、来世に大きく力点を置いた死生観が展開してくるが、その源流は平田篤胤に遡ると言うこともできるだろう(島薗進『新宗教と宗教ブーム』、同『ポストモダンの新宗教』)。

第七章「人神信仰と戦没者慰霊の成立」で今井昭彦は、近世から近代へと「ホトケからカミへ」という死者観の変容があったと見なしている。この人神信仰の展開は来世志向から現世志向へという変化として捉えられる部分が大きいが、天皇崇敬を掲げる戦争の影響という側面にも十分、注意を払わなくてはならないということだ。尊皇の戦没者を忠義の英霊として尊び祭祀の対象とする動きは、楠木正成を崇敬する楠公崇拝が源流となっている。これは朱子学の影響の濃い水戸学で育てられ、薩摩藩がそれを拡充していった。幕末になって楠公祭、及び戦没者のための招魂祭が盛んにおこなわれるようになり、招魂社が各地に置かれる。

だが、そこに敵方はけっして含まれない。戊辰戦役でも幕府方の戦死者は仏寺に委ねられることが多い。西南戦争後の西郷隆盛らも浄光寺境内に埋葬され南洲墓地とされた。南洲墓地参拝所が南洲祠堂と改称されたのが一九一三年、南洲神社となったのが一九二二年である。今井は戦没者がカミとして祀られるのは政治的な理由によるもので、「戦没者は土台において、先祖祭祀の領域に組み込まれ、ホトケとして慰霊・供養されている場合が圧倒的に多いと判断できる」(本書二二三頁)としている。

図式化が容易でない死生観の変容

以上、述べて来たように、死者儀礼システムや死生観が来世志向から現世志向へと展開してきたということは、大筋では妥当なのだが、その筋書きだけに単純化することはできない。仏教の来世志向的な側面は根強いものがあるし、近世・近代になって新たに広まったり、新たに現われて来る来世志向的な死生観もある。神道の場合でいうと、幽冥界という観念は大本教などの霊界の観念を経て、新たな来世志向性を帯びるようになる。二〇世紀の最後の四半世紀になると、新たに幸福の科学などにおいて超越的な来世としての霊界信仰が広まっていく。これは世界的な潮流に影響されてもいるが、日本の近世・近代の展開を継承する新たな展開と見ることもできる。

これは、柳田国男の「日本固有の先祖崇拝」が歴史を通じて持続しているという見方とは、大きく異なっている。多くの民俗学者や日本宗教研究者が「日本人の死生観」や「日本人の霊魂観」について、歴史を超えて同じ特徴が持続してきたかのように論じてきたが、現在の日本近世・近代宗教史研究の水準に照らして、それはもはや支持できないと言える。

他方、佐藤弘夫が提示した古代から近代に至る死生観の変容の展望は、近世・近代の死生観を捉え直そうとするとき、大いに役立つものである。浄土仏教の影響を強く受けた中世の来世志向的死生観から、仏教の影響が薄まり、現世の生き方、あるいは家や国家の秩序が尊ばれる過程で強まっていった近世・近代の現世志向的死生観への展開という図式はおおよその妥当性をもつ。しかし、丁寧に見ていくと、その単純化に収まらない現象がいろいろと見えてくる。とりわけ、仏教やキリスト教の影響について、軽視しすぎない必要があるだろう。
次節でも、死生観の複雑性を前提に、それを解きほぐしていく作業を進めながら、残りの諸章を紹介していきたい。

三　死生観の変容の諸局面

近世の武士道と死生観

幕末から明治初期に楠公社、招魂社から靖国神社へと展開していく死者祭祀のあり方は、儒学思想や尊皇思想や国家神道の影響を受けているが、武士道や武士の死生観の系譜を引くものとして理解することもできる。ここで、鍋島藩の山本常朝（一六五九〜一七一九）の『葉隠』にふれておこう。近世前期に死について強烈な意識をもち、それを語り残した武士であるが、近代において大いに注目されてきた人物である。

武士道と云《いう》は、死ぬ事と見付たり。二つ〳〵の場にて、早く死方《しぬかた》に片付ばかり也。別に仔細なし。胸すわつて進む也。図に当らず、犬死などいふ事は、上方風《かみがたふう》の打上《うちあがり》たる武道なるべし。二つ〳〵の場にて、図に当るやうにする事は不レ及《およばざる》事也。我人《われひと》、生《いく》る方がすき也。多分すきの方《かた》に理が付《つく》べし。若《もし》図に迦《はず》れて生《いき》たらば腰ぬけ也。此境《このさかい》危き也。図に迦れて死たらば、気違にて恥には不レ成《ならず》。是が武道の丈夫也。毎朝毎夕、改めては死々《しにしに》、常住死身に成て居る時は、武道に自由を得、一生落度《おちど》なく家職を仕課《しおお》すべき也。

（斎木一馬他校注『日本思想大系26　三河物語・葉隠』、二二〇頁）

「二つ〳〵の場にて、早く死方に片付ばかり也」というのは、「生死二つのうち、いずれを取るかといえば、早く死ぬ方をえらぶということにつきる」という意味だろう。

「死に狂い」という言葉も用いられている。

武士道は死狂ひなり。一人の殺害を数十人して仕かぬるもの也。直茂公も被レ仰候。本気にては大業はならず。気違に成《なり》て死狂ひする迄《まで》也。又武道に於て分別出来《いでく》れば、早《はや》おくるゝ也。忠も孝も不レ入《いらず》。士道におゐては死狂ひ也。此内に忠・孝は自《おのずから》こもるべし。

（同前、二五一～二五二頁）

死を強く意識する念仏行者と武士

武士道的な伝統において、名誉を保つ死や名誉を回復する死、あるいは崇高な死が尊ばれ、戦闘が行われない「徳川の平和」の下で、なお輝きを保つことになった。近代においてこれはすべての兵士を「英霊」として祀る靖国神社へと展開していく。そして、アメリカ映画「ラストサムライ」（二〇〇三年）のヒットからも知ることができるように、二一世紀初頭の日本においても武士道的なものはある輝きをもって受け止められている。

だとすれば、この死生観の系譜にも注意を向けなくてはならないだろう。「この死生観の系譜」と述べたが、どのような宗教史的・思想史的・文芸史的資料を参照していくかについて明快な視点が提示されてきたわけではない。たとえば、一三世紀末から一四世紀前半の間に成立したと推定され、遁世の念仏行者が尊んだと思われる『一言芳談』には、次のような一節がある。

世間出世至極たゞ死の一事也。死なば死ねとだに存ずれば、一切に大事はなきなり。この身を愛し、命を惜しむより、一切のさはりはおこることなり。あやまりて死なむは、よろこびなりとだに存ずれば、なに事もやすくおぼゆる也。しからば、我も人も、真実に後世をたすからむとおもはんには、かへすぐも、道理をつよくたてゝ、心にまけず、生死界の事を、ものがましくおもふべからざるなり。

（宮坂宥勝校注『日本古典文学大系83　仮名法語集』、一九一〜一九二頁）

ここでは、死が名誉であったり栄光であったりするわけではないが、『葉隠』に通じる死の神聖化を見てとることができる。死が究極の救いである浄土への入り口として、一つの通過点として理解されているとしても、同時に、あるいはそれ以上に、死そのものが至高の意義をもつもの、それ自身で超越的な価値を帯びたものと信じられているようだ。

近松世話物浄瑠璃における死の聖化

これは武士道の練達者や遁世の念仏行者だけのことではない。近世の庶民が好んだ心中における死にも同様のものが見られないだろうか。近松門左衛門の世話物の心中に向かう男女の道行の語りを参照してみよう。

「曾根崎心中　徳兵衛・おはつ　道行」は次のように始められている。

此の世のなごり。夜もなごり。死に行く身をたとふれば　あだしが原の道の霜。一足づゝに消えて行く。夢の夢こそあはれなれ。あれ数ふれば暁の。七つの時が六つ鳴りて残る一つが今生の。鐘のひゞきの聞きをさめ。寂滅為楽とひゞくなり。鐘ばかりかは。草も木も空もなごりと見上ぐれば。雲心なき水のおと北斗はさえて影うつる星の妹背の天の河。梅田の橋を鵲の橋と契りていつまでも。我とそなたは女夫星。必ず添ふとすがり寄り。二人が中に降る涙　川の水嵩もまさるべし。

（重友毅校注『日本古典文学大系49　近松浄瑠璃集 上』、三二頁）

「鵲《かささぎ》の橋」というのは、七夕の夜、牽牛・織女の二星が会うとき、カササギが翼を並べて天の川に渡すという想像上の橋を指す。「いつまでも」「我とそなたは女夫星」というのは、心中を通して、愛する二人が永遠の合一をとげるということだろう。そして、二人が合体して「寂滅為楽」に入るといったほのめかしがなされている。美的な言い回しであって教説を説いているわけではないが、中世的な浄土信仰を踏まえて、来世というよりも死そのものに究極性を与える表現になっている。

本巻では、第三章「殉死・仇討ち・心中」で、谷口眞子がこうした問題領域に踏み込んでいる。谷口によれば、殉死・仇討ち・心中の共通点は、「自他の命を奪うこと」である。現代の概念枠組みでいえば、「自死（自殺）」や「殺人」に組み込まれてしまうかもしれない行為だが、高い価値をもつ、あるいは深い意味をもつ行為としても受け止められていた。殉死は禁令の対象となるが、それでも殉死者の顕彰はなされた。仇討ちは顕彰の対象であり、全面的に禁止されたのはようやく一八八〇（明治一三）年のことだった。心中は政治的には厳しく取りしまられ、弔いまでも禁じられた。谷口は社会的規律化という観点から心中の禁止を論じているが、「お上」も庶民が心中の物語を好む心性を除去できなかったということも重要だろう。

この世の生を享楽し充実させるという意識

これは江戸時代の遊郭や演劇・芸能がもつ聖性や祝祭空間的な性格という問題に関わっている。第二章「浮世の思想と文芸・芸能」で、中嶋隆は「かぶき者」の死の意識にふれている。一七世紀初期の『豊国祭礼図屏風』に描かれているもろ肌脱ぎの若者だが、制止する男を振り切り、斬り合いに向かっていく。その若者がもつ太刀に金文字で「生き過ぎたりや二十三、八幡引けはとるまい」と書かれているという。八幡様に「見ていてください、喧嘩で引けは取りませんから」という意味だ。こうした若者を「かぶき者」という。中嶋が「江戸初期の大衆文化は、命（秩序）の重みを自覚しつつ、その命（秩序）を目的もなく投げ出す潔さに価値を見出していた」（本書五五頁）と述べるような意識のあり方は、心中を主題とする芸能にも反映しているだろう。

無常なる世を「憂き世」と捉えて来た日本の文芸だが、次第に無常なる世を享楽して生きようという「浮き世」という観念が広まっていく（橋本峰雄『「うき世」の思想——日本人の人生観』）。浅井了意の『浮世物語』は仮名草子だが、やがて井原西鶴が浮世草子の作家として登場する。その西鶴は、「徹底して神仏に「人間臭」を付け、元来超越的存在の神仏を人のように描いて、読者の笑いを誘う」（本書五九頁）と中嶋は述べている。

「浮き世」の語は、来世志向から現世志向への死生観の転換に対応する語と見てよいだろう。だが、それは無常の意識が格段に薄まったということを意味するものでもないようだ。中嶋は、西鶴の同時代人である芭蕉の場合、旅をすることで出家・遁世の境涯をなぞることが目指されたが、これは中世文化の模倣として捉えられると言う。また、心中を扱った近松の世話物浄瑠璃では、仏教が救済の装置としてではなく死者の鎮魂の装置として現れていると言う。

現世志向という語にはさまざまな意味が含まれている。死後に関心を寄せるよりも現世の生を大切にし、生命の充実に関心を寄せるという点では、神道の影響力の増大とともに、道教や儒教双方と関わって気の思想の浸透ということも大きな主題である。第六章「養生論とその宗教的世界」では、瀧澤利行が道教的な医療や健康法と気の思想の接点で展開する養生論の系譜を展望している。そこでは、死や死後への関心は見られず、人間の生を自然全体や宇宙の秩序と照応するものと捉え、より充実した生をまっとうしようという関心が優位にある。この「自己への配慮」が次第に庶民へも広まっていったのが近世である。近代に入るとその養生論は後退しかわって衛生論が浮上し、国家の管理と社会進化への関心が優位を占めるようになる。

四　近世から近代への展開

現世への一元化に抗する思想

本巻の多くの論考は、近世を基軸に死生観の変容を捉え、その延長上で近代初期の死生観をも垣間見るという形をとっている。中で近代に力点を置いているのは、第七章「人神信仰と戦没者慰霊の成立」と第八章「近代の来世観と幽冥観の展開」である。第七章については、すでに第二節であらまし紹介した。ここでは、第八章を紹介しながら、近代の死生観をめぐる問題領域について見ていきたい。

第八章「近代の来世観と幽冥観の展開」で末木文美士は、近世の死生観の展開を来世観の後退と再興という枠組みで捉えている。新井白石や山片蟠桃のような儒学者は、合理主義を前進させ、「鬼神」や神仏の領域を空想の産物として批判していった。だが、こうした動向を受けて、近世になると鬼神を再肯定する思考が登場し、それを代表するのが平田篤胤だという。篤胤の「幽冥」の観念には親しい死者の実在を尊ぶ考え方が反映している。近代に入ると西洋の科学的合理主義を受けいれた唯物論とキリスト教の霊魂不滅論が大きな影響力を及ぼすようになる。また、天皇を中心にいただく国家が形成されると、神話を伴った国体論が影響を強めていく。死生観をめぐるこうした思想動向のなかで、国体論に飲み込まれず、それと対峙しうるような幽冥論がどのような位置を占めたかが末木の考察の基軸になっている。

一つの可能性は、大本教にあった。そこでは壮大な幽冥論が展開されているが、天皇中心の国家を相対化する要素を含んでいるために抑圧されることとなった。「国体神話による一元化の強制が、幽冥論を徹底的に抑圧したことで、かえってそれが思わぬところから噴出したものとも言うことができる」(本書二五二頁)と末木は述べる。また、「それがアカデミズムやジャーナリズムの知識人の中から生まれることがなく、彼らを離れた民衆宗教の場で展開したこともまた、日本近代の一つの特徴と言えよう」(本書二五二頁)とも述べている。学者や知識人が幽冥観の探究に乗り出すのは、アジア太平洋戦争後のことであり、田辺元や上原専禄がそれを代表すると見なされている。

近代の死生観の多様な展開

これは、末木なりの思想史的展望に基づくものだが、伝統仏教諸派や民衆宗教・新宗教における死生観の展開はもっと注意を払われていいだろう。浄土真宗は明治以後も大きな影響力を保ってきた。では、近代の浄土真宗では「浄土」信仰をどのように実践し、その意義をどう理解してきたのだろうか。また、『大乗起信論』をベースとするような仏教思想や神儒仏習合思想の系譜、つまりは「大いなるものへの一体化」を基軸とするような死生観についても大いに関心が払われてしかるべきだ。たとえば、一九〇四年に刊行された『死生観』（井烈堂）で加藤咄堂はこう述べていた。

三界を了達するに心によつてあり、十二因縁復た然り、生死皆な心に由りて作す所、心若し滅すれば生死尽く（華厳経）といひ、宇宙の実相を真如と生滅の二門に分ち、前者を以て不生不滅の本体とし其本体の上に生滅の波瀾を起すものを宇宙の現象とし、波を離れて水なく、水を離れて波なきが如く、生滅を以て本体海上の波なりとし、優に近世哲学の精華たる現象即実在論に入る。（『死生観』、九一頁）

この「現象即実在論」は井上哲次郎や井上円了が唱えたもので、近世の仏教や儒教の思想体系を近代西洋哲学の潮流にあてはめて用いた用語である。この論の枠組みは、近代日本の死生観に関わる諸思想に大きな影響を及ぼした。たとえば、精神医学の領域で森田療法を開発した森田正馬の思想もこの枠組みと関連づけて理解できるものである（島薗進『〈癒す知〉の系譜』）。

拙著『日本人の死生観を読む』（朝日新聞出版、二〇一二年）では、加藤咄堂の『死生観』以後に展開した学者や作家や知識人の代表的死生観言説と思うものを時代をおってたどってみた。私の見方では、幽冥観以外にもさまざまな死生観の探究があったと思うが、末木が述べるように、民衆・生活者の間で保持されてきた死生観と学者・知識人の死生観との間にギャップがあるということには十分な配慮が必要である。

死生観のいくつかの層

そうであるとすれば、近代における死生観の展開は、いくつかの層に分けて考察しなくてはならないだろう。これは「宗教」を固定的に考えず、その枠がそもそも流動的なものであることを意識するのにも役立つはずだ。

試みに六つの層をあげてみたい。(一) 哲学や教義体系を参照しつつ堅固な概念を形成しながら論じられる死生観、(二) 人々が実践する宗教（民衆宗教・新宗教を含む）、習俗における死生観、ここには葬祭儀礼システムや墓制のあり方も大いに関わってくる、(三) 文芸作品やその他の芸術作品で表現される死生観、(四) 芸能やエンタテインメント（マンガ、映画、アニメなど）において表現される死生観、(五) 医療やケアの場面で実践され、また論議される死生観、(六) 国家や政治が管理し方向づける死生観である。それぞれのカテゴリーは重なりあっていることが多い。とくに(三)と(四)は境目がない。

実は、近世においてもこうした層の違いに気をつけて考察を進めるのがよいのかもしれない。本巻の諸章についても、強引に整理すれば、(一)に力点があるのが第五章、第八章、(二)に力点があるのが第三章、第四章、(三)(四)に力点があるのが第二章、(五)に力点があるのが第六章、(六)に力点があるのが第一章、第七章であった。近代に入ると、(三)(四)の層に属する死生観表現が多くなってくるが、本巻ではその扱いは相対的に小さいものとなった。

本巻は「近世・近代の死生観と宗教」を論じた書物としては他に類例がないものである。新たな試みであるだけに、枠組がなお明確でなく、全体の構成が見えにくくなっているかもしれない。しかし、大いに関心が高まっている問題領域でもある。本巻が多くの読者に読まれ、批評していただくとともに、今後、こうした試みが重ねられていくことを切に願っている。

参考文献

浅野美和子『女教祖の誕生——「如来教」の祖・媹姾如来喜之』(藤原書店、二〇〇一年)
笠原一男『日本史にみる地獄と極楽』(日本放送出版協会、一九七六年)
加地伸行『儒教とはなにか』(中央公論社、一九九〇年)
神田秀雄『如来教の思想と信仰——教祖在世時代から幕末維新期における』(天理大学おやさと研究所、一九九〇年)
佐藤弘夫『死者のゆくえ』(岩田書院、二〇〇八年)
島薗　進『新宗教と宗教ブーム』(岩波書店、一九九二年)
『ポストモダンの新宗教』(東京堂出版、二〇〇一年)
『〈癒す知〉の系譜』(吉川弘文館、二〇〇三年)
『スピリチュアリティの興隆』(岩波書店、二〇〇七年)
『日本人の死生観を読む』(朝日新聞出版、二〇一二年)
圭室諦成『葬式仏教』(大法輪閣、一九六三年)
橋本峰雄『「うき世」の思想——日本人の人生観』(講談社、一九七五年)

第一章　寺檀制度と葬祭仏教

朴澤直秀

一　はじめに

「寺檀《じだん》制度」という言葉は、大きくいって広義と狭義との二様の用いられ方をしている。まず広義の用法としては、現在の状況も含め、近世以来の、代々固定的に葬祭を行うことを内容とした寺院と檀家[1]ないし檀那との関係、あるいはそういった慣習を指して使われる。「檀家制度」という言葉も、多くはこの意味で用いられる。

他方、狭義の用法としては、寺院と檀家ないし檀那との関係を規定する、「寺請《てらうけ》制度」を中核とした政治的制度のことを指す。ここで、寺請制度について簡単に説明しておこう。寺請制度とは、江戸幕府の政策として、寺院の住職が、その寺の檀那について、幕府により禁止されていた信仰――キリシタンをはじめ日蓮宗不受不施派・悲田《ひでん》宗など――を保持している者ではなく、確かにその寺の檀那であることを保証する制度である。具体的には、村役人などによって作成される宗門人別改帳《しゅうもんにんべつあらためちょう》への保証の署名・捺印や、結婚・養子縁組・奉公・旅行など、檀那の他所への移動の際における寺請証文の発行が行われた。

ともあれ、寺請制度の確立以来現在に至るまで、

狭義の寺檀制度に裏付けられて、広義の寺檀制度が成立、定着した。そして、原則として全ての家が仏教寺院の檀家となり、仏教寺院によって葬祭――葬式や法事――が独占された。人々は生まれながらにして特定の寺院の檀那、ひいては特定の仏教宗派の信者となり、既成の葬祭寺檀関係――葬祭を固定的

に行うことによる、寺院と檀那との関係――を断つことは許されず、自由な信仰は認められなかった。そのことに専ら経営を依存する寺院・僧侶は、宗祖の精神を忘れ、人々の教化に力を割かず、堕落した。

といったイメージが、一定度、持たれる状況があったといえよう。しかし、そういったイメージが持たれる一方で、現状では、少子化や、葬儀の簡略化といった現象の影響が現れているともいわれ、そもそも寺院・僧侶が葬祭に依拠し得ない状況が現出しつつあるともいわれている。

いずれにせよ、本章では、①近世段階での「寺檀制度」として捉えられるものの実態はどのようなものであったのか、②近世における葬祭の多様なあり方と、「寺檀制度」との関係は、実態・通念の両面にわたって、いかなるものであったのか、といった点に留意して、以下、叙述を進めていきたい。

二　近世仏教と葬祭

葬儀への欲求と仏教

圭室諦成は一九六三年、『葬式仏教』の冒頭において、

庶民が仏教にもとめているものは、①葬祭、②治病、③招福、の三つである。歴史的にみれば、まず治病、つぎに招福、一五世紀ごろから葬祭という順序になる。そして葬祭化してはじめて、仏教は庶民の

信仰を独占することに成功している。ところで現在の仏教においては、治病・招福の面が相対的に弱化し、葬祭一本といっても過言ではない。（一頁）

と述べている。日本における仏式葬儀の展開については、最初浄土教が関心を示し、また禅宗の果たす役割が大きかったことを述べている。そのなかで、禅僧の語録における坐禅関係の記事（頁数）、葬祭関係の記事（頁数の）割合の変化が分析されている。臨済宗については、南北朝期（『夢想国師語録』）に葬祭の比重の高まりがみられ、一五世紀初頭（『大通禅師語録』）に至って坐禅と葬祭との比重が逆転する。そこに出てくる戒名からも、庶民層への進出が想起されるが、その後の語録でも坐禅関係の記事がかなりの比重を持ち続けると、圭室諦成は位置づけている。一方、曹洞宗については、圭室諦成の分析をもとに、広瀬良弘がさらに分析を進めている（『禅宗地方展開史の研究』）。こちらは、①一四世紀後半までは坐禅が上回り、②一四世紀後半から一五世紀はじめまでは葬祭が上回りながらも、両者の差は少なく、③一五世紀初期以降、葬祭が圧倒的に上回っている。広瀬の分析によれば、②は曹洞宗寺院が多数建立されはじめた時期に相当し、③は曹洞宗寺院がさらに多数建立され、曹洞宗が一大発展を遂げた時期に相当する。

中世後期の段階から近世初期にかけて、禅宗に留まらず様々な系統の僧侶が、現世利益への欲求に応えると共に、葬祭への関与を梃子として地域社会に基盤を築き、定着していったものと思われる。彼らは、既存の宗教施設を自己の系統の寺院に改め、あるいは荒廃した宗教施設を再興する形で地域社会に入っていく場合が多かった。例えば浄土宗の場合、竹田聴洲によれば、陸奥から薩摩に至る浄土宗寺院のうち、九〇パーセント強が一五〇一（文亀元）年以降に、さらにそのうち六二パーセント弱が一五七三（天正元）〜一六四三（寛永二〇）年の間に、主に葬祭を目的として、浄土宗寺院として改創ないし再興されている（「近世社会と仏教」『竹田聴洲著作集』第七巻）。竹田は、菩提寺における祖先祭祀の主体たりうる、近世における都市・農村の庶民の「家」の広汎な形成を、葬祭寺檀関係――葬祭を内容とする寺院と檀那・檀家との関係――の形成の重要な要因と捉えている。永続する小農の「家」の形成を、家と寺との間の固定的な葬祭寺檀関係の基盤とする見解は、その後の論者にも継承されている。

また、一六世紀半ばから日本に布教したカトリックの宣教師たちも、葬儀に多額の費用が費やされることを認識している。またその葬儀の盛大さに影響されて、イエズス会宣教師はキリシタンの葬儀を荘重に行うように努めたという（五野井隆史『キリシタンの文化』）。

寺請制度の草創と宗門人別改帳の作成

冒頭に述べた寺請制度は、こういった、地域社会への寺院・僧侶の進出と、そこで取り結ばれた原初的な寺檀関係の存在と相俟って、導入されていったものだと考えられよう。

江戸幕府は当初、キリスト教の信仰自体は禁止していなかったが、一六一二（慶長一七）年の「条々」においてキリスト教禁止が表明された。翌一六一三（慶長一八）年には、以心崇伝《いしんすうでん》により「伴天連《ばてれん》追放文」が起草され、全国に布達された。

その後、地域によって状況の差を含みつつ、キリシタン禁制が展開されていく。そのなかで、転びキリシタンやその縁者、さらにはキリシタンと関わりのない人物について、彼らがキリシタンでないことの保証が求められるようになる。そこでは、キリシタンでなく特定の寺に参っている、特定の寺を頼んでいることが求められ、俗人によるもののみならず、該当の特定寺院――檀那寺――の住職による保証、すなわち寺請もなされるようになる。

一六五九（万治二）年に至って、幕府より諸藩に、百姓・町人の五人組と檀那寺とを改め、不審な宗旨があれば詮索すべき事が伝達される。一六六四（寛文四）年には、幕府は諸藩に対し宗門改役の設置と毎年の宗門改を指示し、一六七一（寛文一一）年には幕領に対して宗門人別改帳の作成が指令されている。かかる過程を経て、宗門人別改帳の作成が、全国規模で命ぜられていったものと思われる（清水紘一『キリシタン禁制史』、大橋幸泰『キリシタン民衆史の研究』、村井早苗『キリシタン禁制と民衆の宗教』）。

実態としては、宗門人別改帳の様態や、作成頻度などは、領主や地域によってまちまちであった。いずれにせよ、宗門人別改帳は、村（場合によっては村組）や町の単位で作成され、領主側に提出される（次頁上段の写真参照）。

そこに寺院・僧侶がどのように関与したのか、一例を挙げたい。下総国葛飾郡鰭《ひれ》ケ崎《がさき》村（千葉県流山市）の東福寺は、新義真言宗江戸護持院末で、幕府から三〇石の朱印寺領を与えられ、二〇箇寺余の末寺・門徒（この場合、寺格の低い末寺）が所属していた。一八四二（天保一三）年の東福寺の『公私日鑑』の記事から、同年の二月・三月に行われた周辺村での宗門改に対する、東福寺やその役僧の関与について次頁下段の表を作成した。宗門改に際して、寺院はその檀那について、宗門人別改帳に、たしかにその寺の檀那であって、切支丹などでないことを保証する判形を加える。東福寺では、東福寺のほか、いわば「兼帯」している無住の末寺・門徒の印鑑を保管しているようである。そして多くの場合、宗門改を行う各村に役僧が出向くか、あるいは各村の俗人に印鑑を貸与して、対応している（坂本正仁編『現代語訳　東福寺日記――天保十三年』）。

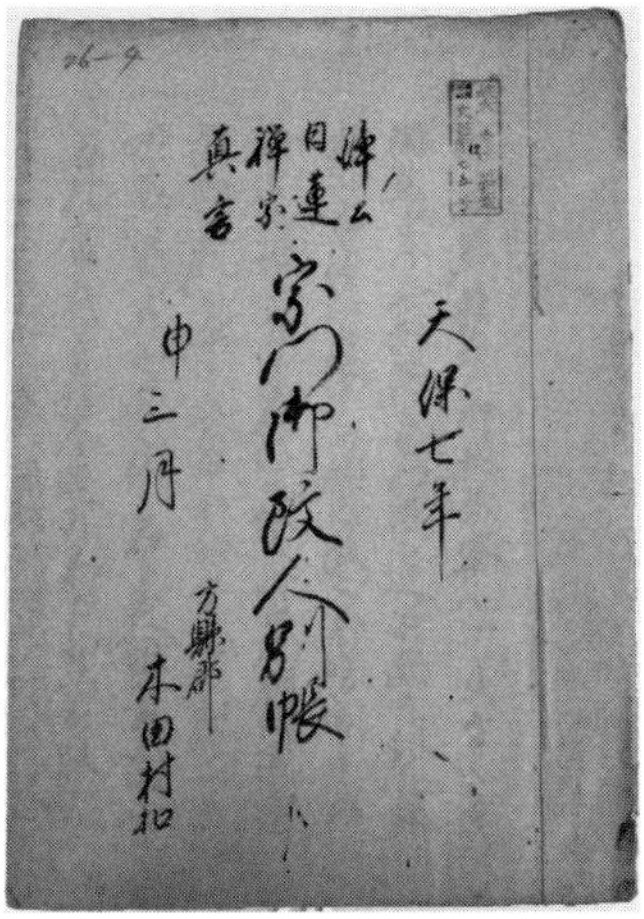

浄土・日蓮・禅宗・真言宗門御改人別帳（表紙）（美濃国方県郡木田村（岐阜市）山田家文書ほ七五、天保七（一八三六）年、岐阜大学教育学部郷土博物館所蔵）

宗門人別改帳は、村や村組、町などにおいて作成される。また、記載様式や分冊形式などは、地域や時期によってまちまちである。真宗優勢地帯の濃尾平野にあって、木田村では、もともと村で一冊が作成されていたが、この時期には、真宗は村内の組ごとに三分冊、その他の宗派はここに掲げたようにまとめて村内で一冊、都合四分冊で、宗門人別改帳が作成された。

日　付	出　来　事
2月 6日	金蔵院（無住の東福寺門徒）檀家で、木村（流山市）の重郎右衛門が、宗門改で捺す印鑑を借用する。
2月 9日	木村の、伊兵衛・留吉の宗門改の印鑑を捺すため、東福寺の智宣房が出向く。
2月11日	小金谷にある東福寺と金蔵院分の檀家の宗門改に印鑑を捺す。
2月12日	大谷口新田（松戸市）在住の大勝院（東福寺末寺）檀家の宗門改につき、無住なので東福寺で印鑑を捺す。
2月14日	七右衛門新田（松戸市）での宗門改で印鑑を捺すため、智宣房が出向く。
2月18日	外川原村（松戸市）での宗門改で印鑑を捺すため、智宣房が出向く。
2月22日	木村の武助に、観音寺（無住の東福寺末寺）檀家の宗門改に捺す印鑑を遣わす。
3月 4日	流山村（流山市）の宗門改のうち、流山宿の分に印鑑を捺すため、智宣房が中村屋に出向く。
3月 5日	九郎左衛門新田（松戸市）の金蔵院檀家の宗門改を、小金宿（松戸市）で行うことになったので、印鑑を三村浅右衛門に渡す。
3月 5日	木村観音寺の檀家の宗門改に捺す印鑑を、大谷口新田の長兵衛が借りに来たので渡す。

坂本正仁編『現代語訳　東福寺日記——天保十三年』（宗教法人東福寺、2007年）所載記事による。

三　寺院の諸機能と寺檀制度の実態

近世寺院の多様な機能

先述したように、中世後期から近世初期にかけて、とりわけ葬祭への関与を梃子に、寺院の建立・再興が進んでいったものと考えられている。また、寺請制度は、葬祭を内容とした寺檀関係を前提としたものである（実際には、遠隔地の檀那寺と寺檀関係を取り結ぶなどの理由により、葬祭の寺檀関係と、宗判の寺檀関係とがずれ、檀家の近隣の寺院が、遠隔地の檀那寺から檀那を「預けられる」ような事態もある）。

しかし、かといって、近世の寺院の機能が（個々の寺院によって濃淡はあるにせよ）、葬祭に特化した、ないし限定されたわけでは、無論ない。それについて、二つの側面から考えてみたい。

まず一つには、いうまでもないことだが、近世においても、寺院・僧侶の機能は多様な側面を持っていたということである。葬祭・宗判については、神職や修験の自身葬祭といった例外などを除けば、原則的に独占状態にあった。だがそれ以外にも、神職や修験などの他の宗教者と、競合しつつ果たす機能があった。すなわち祈禱などであるが、それには檀那と固定的な関係を結んで果たされるものと、必ずしも固定化せずに、必要に応じて行われるものとがある。前者としては、生産・流通、あるいは生活に関する様々な局面で、農耕儀礼などの生業に応じた儀礼、年中行事、通過儀礼などの定例化した宗教行為について、配札を行ったり、執行に関与したりすることがある。また後者としては、卜占や心願成就のための祈禱、治病なり流行病予防のための祈禱などがあろう。

こういった機能は、遠隔地から廻村してくる、僧侶を含む宗教者によって果たされる場合もある。また、機能を求める者が、寺院を含む遠隔地の宗教施設に参詣することによって、果たされる場合もある。またそういった関係が、固定的・定例的に保たれている場合もあれば、臨時にもたれる場合もある。

さらに、葬祭に関する寺檀関係が結ばれるのと同じように、人々が、近隣に所在する寺院との間に、固定的・定例的に祈禱や配札などを受けることを内容とした寺檀関係を結ぶ場合もあった（研究上しばしば「祈禱寺檀関係」と呼ばれる）。

祈禱を行う寺院は、神社や修験寺院などと併存・競合するものでもある。また、葬祭との関係でいえば、葬祭に特化した「菩提寺」と、祈禱に特化した「祈禱寺」として、地域内で機能分化して併存する場合もあれば、同一の寺院が「菩提寺」と「祈禱寺」との両方の性格を兼ね備える（かつ近隣の他の寺院と併存・競合する）場合もあった。

寺院と地域・檀家組織

次に、近世の寺院の機能が、葬祭に特化したわけではない、ということについて、もう一つの側面に注目してみたい。

近代以降の感覚でいうと、各宗派とも、多くの寺院において、住職は世襲され、寺院運営があたかも住職家の「家業」であるかのような様相を呈している。しかし近世においては、一般的に妻帯が行われる真宗の寺院や、他宗でも特に妻帯が認められた寺院を除いては、寺院が世襲されることはなかった。そして、独身の僧侶が単身で生活し、あるいは俗人などと共に寺院で共同生活を行い、場合によっては複数の寺院を転住するという形が一般的だったのである。まずはこのことを念頭に置く必要がある。

個々の寺院は、（実体がなく、寺籍のみが存在している場合もあるが）種々の堂舎のほか、境内・境外の寺地、寺付きの様々な器物や金品、寺に取り結ばれた種々の檀那との関係、などの要素から構成されている。なお、寺院経営のなかでの葬祭の位置は、これらの諸要素の如何と、教団組織の特質や、教団組織のなかにおけるその寺の位置とによって左右される。

右に述べた諸要素を含めた、個々の寺院の管理・運営に関する権利ないし義務は、一面では、その寺院が諸宗派の教団組織によって把握されているならば、その教団組織に属している。しかし、個々の寺院ないしその構成要素の管理・運営に関する権利ないし義務はまた、それぞれ寺院や堂舎（成立を異にする堂舎が含まれることがあり得る）の成立・再興の事情や由緒、寺地の用益をめぐる経緯、維持管理の実態などにより、寺院が所在する村や町、個々の家や同族団、各種の檀家組織、その他の集団によって主張され、または担われる場合もある。

こういった性格をもつ寺院の土地が、周辺村の生産・生活に必要な山林や水源などとしての役割を果たしたり、墓地として利用されたり、寺院の堂舎が、村や町の寄り合いや祭礼の場などとして用いられる場合があるのである。付言するならば、寺院の運営についても、寺院所在村や檀家組織が、住職や地域的な教団組織との間に契約を結んで、行う場合もある。なお、住職が世襲される真宗の場合でも、寺院所在村や檀家組織が関与する局面を見出せる事例がある。

一方で、一般的に葬送は、（仏事の中核は檀那寺や同宗派の僧侶によって担われるが）檀家組織などによって担われるのではなく、地縁的な集団によって担われる。つまり、寺檀関係よりも、地縁的な関係に左右されるのである。

江戸の葬送と寺檀制度

これまでとりあげてきた寺檀関係像は、恒常的・固定的に檀那寺と檀那ないし檀家との間に取り結ばれるものであった。それは、主には近世の村における寺檀関係を元に描かれた像であった。しかし、実際には、都市・村落を含めて人の移動は盛んであり、都市には単身の労働者が滞留し、また諸地域との間に流動した(無論、村落間の奉公人などの流動もある)。

近世の巨大都市である三都――江戸・大坂・京都――のうち、大坂の周縁部には「大坂七墓」と呼ばれる、寺院に付属しない墓域があり、京都の周縁部には、「五三昧」「京都七墓」などと呼ばれる寺院に付属しない墓域・火葬場があった。それらが、寺院境内の墓地と共に存在していた。それに対し、百万都市といわれる江戸では、寺院境内の墓地しか存在せず、埋葬需要に対して埋葬地は逼迫していた。

西木浩一により、江戸で、都市下層民を葬る「墓標なき墓地の光景」が現出していたことが指摘されている(東京都公文書館編集(西木浩一執筆)『都史紀要三十七　江戸の葬送墓制』)。すなわち、寺院に付属した墓地の跡の発掘調査から、次のようなことが指摘されている。四谷鮫河橋《よつやさめがはし》(東京都新宿区)の黄檗宗円応寺の遺構からは、様相の異なる二つの墓域が検出された。そのうち一方からは墓道に沿った整然と並んだ墓が想定されるが、他方については、墓道もなく、埋葬遺構が密集しており、新規の埋葬は既存の棺を壊して行うような様相が考えられるという。また同じく四谷鮫河橋の曹洞宗発昌寺の遺構についても、墓域によって異なる墓地景観が想定される。一方の墓域においては、三〇年から六〇年周期で、棺や遺体は地下に残したまま盛り土をして新たな墓域として造成し直している。一八世紀中葉以降は埋葬施設が複雑に重複し、また極めて浅く葬られており、墓石を設けたり埋葬施設に近づくことは困難であったと推定される。こういった、墓参などを想定しない「墓標なき墓地の光景」を呈する墓域が、存在していたというのである。西木は、深川地域の黄檗宗寺院の過去帳調査の結果や、その他の文学・文献史料、また吉田伸之の都市下層社会研究などを参照し、巨大都市江戸に流入し、大量かつ構造的に滞留した単身の労働力販売層にとって、檀那寺を持たないのが常態であることを指摘している。また、彼らが死亡した場合、人宿（口入れ業者）などに引き取られたうえで、「投げ込み」「取り捨て」といわれるような、先述の埋葬遺構に反映されたような簡便な埋葬が行われたことを指摘している。

かかる事態は、「宗教行政」に関する対処・立案に関わる、老中・寺社奉行・勘定奉行やその属吏たちが常駐する江戸で起きていた事態であり、吏僚たちにその様相が認識される局面があった。

四　寺檀制度をめぐる通念

寺院・僧侶をめぐる競合状況

招福や攘災に関しては、僧侶は他の宗教者と競合しつつ、相互にも競合する関係にあった。葬祭に関しても、他の宗教者との競合は限定的ではあったが皆無だったわけではない。すなわち、神職や修験の自身葬祭という限定されたものや、修験の、葬送儀礼の一部への関与をめぐる、禅宗僧侶との争論はあった。ただし原則的には、葬祭は僧侶に独占されていた。一方で、葬祭や宗判をめぐる僧侶間相互の競合は、多くの局面でみられた。

また、「排仏論」と呼ばれる、仏教や寺院・僧侶に対する批判が、近世初期から盛んに行われた。その内容は、寺院による収奪が、幕藩権力による収奪の妨げとなるとするもの、僧侶の生活の堕落を指摘するもの、仏教教義の世俗からの遊離を咎めるもの、仏教的世界観などのいわば「非合理」的側面を指摘するもの、などである。

こういった種々の競合のもとで、寺檀制度をめぐる様々な通念が醸成されていったものと思われる。その過程で、虚実取り混ぜた「法令」の類が生成・流布していった。それらをめぐって、以下述べていきたい（朴澤直秀『幕藩権力と寺檀制度』、同『近世仏教の制度と情報』）。

「離檀の禁止」をめぐる情報の流通

まず、「離檀の禁止」をめぐってである。「離檀」とは、檀那寺の側、ないし檀那の側から、寺檀関係を絶つことである。嫁入り・婿入り、養子縁組などの際に、実家の檀那寺から離れること・離すことも「離檀」と呼ばれるが、ここではそういったケースは除いて考える。

先述の、葬祭や宗判をめぐる寺院間・僧侶間相互の競合のもと、寺檀関係における檀那の帰属をめぐる争論は、盛んに生起した。すでに一六六五（寛文五）年の「諸宗寺院法度」のなかに、「檀越の輩、何寺たりといえどもその心に任せべし、僧侶方よりあい争うべからざる事」という条文があり、かかる争論が多発し、問題となっていたことを思わせる。

享保年間、越後国蒲原郡田上村（新潟県南蒲原郡田上町）の、曹洞宗東龍寺と、同郡本成寺村（新潟県三条市）の、日蓮宗（法華宗陣門流）本成寺との間に、東龍寺の檀那の離檀に関する争論が起きた。

争論は以下のようなものであった。田上村（新発田藩領）の、先祖代々東龍寺檀那であった百姓・与五右衛門家に、本成寺村の日蓮宗の家から婿養子が入った。その息子与五右衛門と孫与太郎も、本成寺末の加茂町（新潟県加茂市）本量寺の檀那となった。東龍寺は、それをやめるよう申し入れたが聞き入れられなかった。そのうち、与五右衛門の母も日蓮宗に帰依し、一七二八（享保一三）年、末期に及んで本成寺の塔頭に移り、亡くなった。このことに関して争論となり、最終的に幕府の評定所で審理されることとなった。

翌年、評定所での裁許に至った。その内容は、「江戸では、どの宗旨の寺の檀那となるかということは思いつき次第のようであるが、遠国の場合は別だ。例えば檀那が一〇〇人ある寺で、ある者は真言宗に帰依すると言い、ある者は日蓮宗に帰依すると言い、ある者は禅宗に帰依すると言って、段々檀那が減少してはその寺が成り立たなくなるので、誰が願い出ても離檀は許さない。そのことを心得よ」というものであった。これは、寺社奉行・勘定奉行・町奉行列座の場で、時の寺社奉行黒田直邦から言い渡された。その口上について、曹洞宗の教団行政の中心にあった関三刹（武蔵越生龍穏寺・下野富田大中寺・下総国府台總寧寺）が、東龍寺に書き付けさせ、徴収したという文書が残っている。そして、曹洞宗教団内で、この口上の書付が流布した。なお、この口上において、江戸の寺檀関係と、遠国の寺檀関係との差異についての幕閣の認識が示されていることが、先に紹介した江戸の葬送・墓制の状況とも考えあわせると、興味深い。ただし、後述のように、これは幕府側による離檀に関する判断を律するものとはならなかった。離檀は、容易にできることではないと認識されたものの、原則として禁止されず、個々のケースに即して判断されたのである。

一七四九（寛延二）年、越後高田藩で、恐らく領内での寺檀関係をめぐる争論の処理の参考のために、領内の寺院に諮問があったようである。結果、曹洞宗の録所（地域的な教団行政の中心となる寺院）から、曹洞宗教団内に流布した、先の書付の写しが高田藩に徴収された。この写しには、教団内での情報徴収・流布の過程で、末尾に「寛文五年に出された諸宗寺院法度に関して心得違いがあるのか、離檀争論が絶えない。よんどころない縁付きなどの場合は別にして、帰依を理由としたみだりな改宗は許されていない。関係者納得のうえ離檀する場合でも、檀那寺で互いに証文を取り交わせ」という、一般的に離檀を制限する趣旨の条文が付加された形となっていた。高田藩の宗門奉行は、この付加部分も幕府側が直接付加したものと捉えた上で、この口上について幕府の寺社奉行に問い合わせを行った。それに対し寺社奉行所の役人は、「これは争論の際の裁決の書付だと思われる。御仕置帳に載っているだろうが、年号がはっきりしないので見つけにくい。こういったことは、争論になった上で、その時の様子によって裁断することだ」と返答した。つまり、幕府側では、これが一般的な法令だという認識は持っていなかった。

一方で、この書付は、曹洞宗教団から、真宗西派にも伝播していることが確認できる。また、曹洞宗教団での流布との関係は不詳だが、体系的な法典の編纂、公開などがなされない近世にあって、幕府吏僚の実務の参考とされた「先例書」の類に混入し、流布したものがあることも確認できる。それがさらに、真宗東派に伝播しているものも見出すことができる。こういった動向の到達点として、『諸例集』なる近世の先例書を通じてあたかも法令であるかのような体裁をとったテクストが、『徳川禁令考』に採録されていることを挙げることができる。『徳川禁令考』とは、明治時代に司法省において編纂された江戸幕府の法制史料集であるが、そこに、幕府法令と誤認されて採録されるに至ったのである。

祈禱寺檀関係と離檀

葬祭・宗判に関する寺檀関係については、右に述べてきた通りであるが、前節第一項でみた祈禱寺檀関係についてはどうだろうか。祈禱をめぐっても、檀家組織のありかたや、寺檀関係の固定的性格、さらには寺院の管理・運営をめぐる権利・義務関係において、葬祭・宗判に関する寺檀関係と同様の様相を呈する場合があった。

一八一二（文化九）年、駿河田中藩領の下総国葛飾郡藤心《ふじごころ》村（千葉県柏市）で祈禱檀家の離檀争論があり、田中藩の家臣がその争論に関して幕府寺社奉行所に問い合わせを行い、寺社奉行の配下役人から返答を得ている。そこでは、田中藩の家臣は、祈禱寺檀関係を含めて、離檀は容易ではない、と捉えている。それに対して、寺社奉行の役人は、祈禱寺檀関係は原則においては離檀自由だと捉えている(2)。しかし当該のケースについては、「往古」からの関係であるということを理由に、結局、離檀は困難であると判断している。つまりこの事例の場合は、既存の権利や関係の維持ないし保護という論理から、変更を認められていないのである。宗判・葬祭に関する寺檀関係と同様に、恒常的な宗教者と信者との関係としての性格をもっているのである。

一家一寺制をめぐる通念

ここでは、「半檀家」と「一家一寺制」とをめぐる通念について、取り上げたい。一家一寺（制）とは、一つの家の成員が、全て同じ檀那寺の檀那である慣行ないし制度を指す。それに対して、一つの家の成員が、二箇寺以上と寺檀関係を結ぶ状態や慣行を、歴史資料や現代の慣行で使われる用語として「半檀家」「片檀家」などと呼ぶ。すなわち、一家一寺の状態を「丸檀家」と捉え、それに対比させて呼んでいるのである。半檀家の形態は色々あるが、なかでも、嫁・婿・養子などが実家の寺檀関係を持ち込んでくる形態や、「男女別寺檀制」と呼ばれる、一家内の男子が全てA寺、女子が全てB寺の檀那となる形態などが、多く見られる。

残存する宗門人別改帳などからみて、寺請制度の草創時点で、一家一寺制は基本的な形態だったのではないかと思われる。そのうえで、寺檀関係が継承されるものだということも、初期から当然視されていたと考えられる。これについては、近親者の葬祭などの宗教行為を行う宗教者を、どのように選択するのかという問題を考える必要があろう。（短期的な系譜観はあるにせよ）永続的な家の系譜観が確固としていなかったとしても、葬祭を担う寺院の確立もあり、広範に自由選択をするというような状況は起こりにくいのではないか。また、宗門人別改帳の記載様式の影響についても一考する必要はあろうか。さらに、「諸宗寺院法度」に反映されたような、葬祭をめぐる寺院・僧侶間の競合状況を反映した、寺院・僧侶による既存の寺檀関係（権利）維持への要求も考慮する必要があろう。

幕府は、基本的に一家一寺制を法制化することはない。半檀家は問題化されない限りは禁止されない。半檀家をめぐる争論が起きた場合、基本的に、離檀のばあいと同様、事情を斟酌して裁許される。しかし、局所的には、幕藩領主により一家一寺制につながる法令が出されることがあった。

先駆的には、加賀藩の、宗旨・寺替に関する法令を確認することができる。加賀藩の重臣の、曹洞宗の檀家で、婚入者が日蓮宗であったために、日蓮宗の寺で子供の葬式を行うという事態があった。そのことをきっかけに、金沢周辺の曹洞宗寺院が相談し、加賀藩の寺社奉行所に願い出、それが認められて、一七一一（正徳元）年に宗旨・寺替に関する法令が出された。法令の内容は、全体としてみだりな改宗・寺替を禁止し、寺檀関係の継承、ないし変更の手続きを示したものである。このなかで、曹洞宗寺院組織の願い出を受けて、子は父、妻は夫と同じ寺の檀那とすることを原則にすると述べたうえで、よんどころない理由があってそうできない場合の手続きを定めている。

この法令は、加賀藩領内で混乱を生む。また現実には一家一寺制が徹底されるものでもなく、曹洞宗寺院組織側は、徹底を求めて加賀藩側に願書を提出する。加賀藩側としては、「宗門に関しては幕府が定めること」と認識しており、また、積極的に一家一寺制を推進する意図もないことを表明している。そして、混乱を防ぐ意図で、数度にわたり補足の法令を出すが、それはさらなる混乱を惹起した。

幕府側は、先述の通り、最後まで一家一寺制を全国的に法制化することはない。ただし、一七世紀後半、天明飢饉とそれに至る社会状況を背景に、幕領の支配の一方策として、一家一寺制法令の布達を企図する代官（ないし陣屋役人）が現れた。幕領の飛騨国では明和年間から天明年間に至る「大原騒動《おおはらそうどう》」や、それに並行して真宗の異安心事件「安永法論《あんえいほうろん》」が起きた。幕府の代官（途中から郡代に昇格）やそれを統括する勘定所の側は、強信の真宗門徒の存在がその背景にあると考えたようである。また、陣屋役人やその周辺により、真宗門徒の家から他宗の檀家に縁付く場合に、宗門送りが滞り、なし崩し的に半檀家になり、ゆくゆくは一家真宗へと蚕食してしまう、という状況があるとの認識が持たれていた。そういったなかで、一七八〇（安永九）年、飛騨高山郡代の側から、勘定奉行に対し、領内に、一家一寺制法令を布達することを起案した。

しかし、「すべて妻・次男以下、女子の分は帰依次第に申しそうろう儀一統のことゆえ、差図に及びがたきあいだ」として、法制化することは却下された。

ところが、代官などの参考とされる先例集のなかに、この本来出されなかったはずの法令を、実際に発令を命ぜられたものとして採録しているものがある。これは、そういった法令が出されてもおかしくない、という通念が醸成されたことを示すものであろうか。

実際に、ほぼ同時期、一家一寺制法令が発令されたケースもある。幕領の石見銀山料では、一七八三（天明三）年、大田南北村で大田騒動といわれる打ちこわし、強訴が起きている。そういった情勢のなか、代官川崎平右衛門は、こちらは勘定奉行の許可、寺社奉行の承認を得て、実際に一家一寺法令を出している。ここで明示された発令動機は、宗門改の円滑化である。しかし同時期に川崎が、領内の社人に、神祭などの勤務を怠りなくするよう命じていることなどから、法令の発令は、大田騒動につながるような情勢に関わり、また恐らく真宗門徒への警戒を含んだものであると想定される。この法令は隣接藩領にも伝播し発令され、混乱を生んだ。

その後も、藩領を含め、半檀家慣行のみられる地域で局所的に、一家一寺法令が布達されるケースがある。それらには、寺院や地域の、一家一寺制を求める動きが影響する場合もあった。基本的に幕府は一家一寺制を強制しないが、局所的な一家一寺法令が先例書などに情報として蓄積され、幕府の吏僚などに影響を与え、また（寺院や地域における観念と相俟って）一家一寺制を規範とする一種の通念の醸成に影響する場合があったのである。

寺檀関係をめぐる偽法令

最後に、「宗門《しゅうもん》（寺《でら》）檀那請合之掟《だんなうけあいのおきて》」（以下「請合之掟」）などとして知られる、寺檀制度に関わる偽法令について、取り上げたい。これは寺院文書や地方文書、記録類などのなかに、筆写のかたちで大量に残存している。色々なテクストがあるが、その一例の読み下しの例を次に示した。

東照権現公

御箇条掟書

宗門寺檀那請合之掟

一①切支丹の法は死を顧みず、火に入りても焼けず、水に入りても溺れず、身より血を出して死を成すをば成仏と立る故、天下の法度厳密なり、実に邪宗邪法なり、これに依り死を軽うするものをきっと吟味を遂げべき事

一②切支丹にもとづく者は、韃単国より毎日金七厘を与え、天下を切支丹に成し神国を妨る邪法なり、此の宗にもとづく者は釈迦の法を用いざるゆえ、檀那寺の旦役を妨げ仏閣の建立を嫌う、これに依り吟味を遂げべき事

一③頭旦那たりとも其の宗門の祖師忌・仏忌・盆・彼岸・先祖の命日絶て参詣せずんば、判形を引き、宗旨役所へ断り、きっと吟味を遂げべき事

一④切支丹・不受不施は先祖の年忌に僧の弔を受けず、当日計り宗門寺へ一通りの志を述べ、内証に

て俗人一類打ち寄り、弔い僧の来る事有る時は不興にして用いず、これに依り吟味を遂げべき事

一⑤檀那役を勤めず、しかも我意に任せて宗門受合の住持役を用いず、宗門寺の用事身上相応に勤めず、内心に邪をいだきたるを不受不施という、相心得べき事

一⑥不受不施の法は、何にても宗門寺より申す事を請けず、其の宗門の祖師本尊寺用に施さず、はたまた他人他宗の志を受けず施さず、是れ邪法なり、人間は天の恩を受けて地に施し、親の恩を請けて子に施し、仏の恩を請けて僧に施す、是れ正法なり、これに依り吟味を遂げべき事

一⑦悲田宗・切支丹・不受不施三宗共に一派なり、彼等尊む所の本尊は牛頭吉利死丁頭仏というなり、大丁頭仏とも言う、故にてうす大うすとなづけるなり、此の仏を頼み奉り鏡を見れば仏面となり、宗旨をころべば鏡の影犬と見ゆる、是れ邪法の鏡なり、一度此の鏡を見るものは深く牛頭吉利死仏を信仰し、日本を魔国と成す、然りといえども宗門吟味の神国ゆえ、一通り宗門寺へもとづきたる人に交り、内心不受不施にて宗門寺へ出入せず、これに依り吟味を遂げべき事

一⑧親代々より宗門にもとづき八宗九宗の内いずれの宗旨に紛れこれなくとも、其の子いか成る勧にて心底邪法に組し居り申す者も知れ申さず、宗門寺より此の段吟味を遂げ、仏法を勧め、談義講談を成し参詣致させ、尤も旦那役を以てそれぞれ寺の仏用修理建立をきっと勤めべきなり、邪宗は宗門寺の事一切世間交り一通りにして、内心仏法を破り僧の勧めを用いず、これに依り吟味を遂げべき事

一⑨死後死骸に剃刀を与え戒名を授け申すべき事、是れは宗門寺の僧死相を見届け、邪宗にてこれ無き旨たしかに合点の上にて引導致すべきためなり、よくよく吟味を遂げべき事

一⑩宗門寺を差し置き、外寺の僧を頼み弔い、其の宗門寺の住持を退け申す事、別して詮議いたし、邪宗正法を吟味を遂げべき事

一⑪先祖の仏事他寺へ持参し法事を勤むる事堅く禁制なり、然りといえども他国他在にて死去のものは格別の事なり、よくよく吟味を遂げべき事

一⑫先祖の仏事に行歩たしか成る者参詣致さず、不沙汰に修行申す者吟味を遂げべし、且つまた其の者の持仏堂備え物よくよく見届け、邪宗正法吟味を遂げべき事

一⑬天下一統の正法に紛れこれ無き者には判形を加え宗門受合申すべく候、武士は其の寺の請状に証印を加え差し上げ、其のほか血判に出し難きものは証人受合を以て証文差出すべき事

一⑭相果てそうろう時分は一切宗門寺の差図を承り執行申すべき事

一⑮天下の敵、万民の怨みは切支丹・不受不施・悲田宗なり、馬転連の類族相果てそうろう節は、寺社役所へ相断り、倹者を請けて宗門寺の住持弔い申すべき事、役所へ断わらず弔い申す時は其の僧の越度なり、よくよく吟味を遂げべき事、はたまた横様無体に旦那役其の者分限不相応の義は宗門寺より用捨これ有るべき事、信心を以て仏法を尊み、王法を敬う者正法の者也

右拾五ヶ条の趣、一つも相背くにおいては、上は梵天・帝釈・四大天王・五道冥官・日本伊勢天照太神宮・八幡大菩薩・春日大明神・其の外氏神・日本六拾余州の神明の神罰を蒙り奉るべきもの也

慶長十八年癸丑五月　　　　奉行

天下の諸寺院宗門請合の面々、此の一ヶ条も相欠き申しては越度に仰せ附けらるる間、よくよく相守るべきもの也

「請合之掟」は、基本的には一六一三（慶長一八）年五月付、すなわち大御所徳川家康の存命中の日付となっている。ここで取り上げたテクストのように、東照権現（＝家康）による掟書として流布しているケースがある。なお慶長一八年には、先述のように以心崇伝の手による伴天連追放文が出されている。

基本的には一五ヶ条からなり、天下諸寺院宛の幕府法令の体裁を取っている。内容は、幕府により禁ぜられ、寺請による摘発の対象となっていた、切支丹・不受不施・悲田宗の見分け方を示し、それによって宗門改を厳密に行うように、との指令である。しかし、不受不施寺院の寺請禁止は一六六九（寛文九）年、悲田宗の禁止は一六九一（元禄四）年で、ともに慶長一八年よりあとである。すなわち、「請合之掟」は悲田宗の禁止よりもあとに作成された偽の法令、ということになる。

条文を見てみると、全体として、檀那寺に対して檀那が果たすべき義務を果たさない、檀那寺へ参詣しない、などといったことを切支丹・不受不施・悲田宗の信者である証拠としている。このことから従来、「請合之掟」は、僧侶が寺檀制度を悪用し、檀那・檀家に吸着するために偽作された、との文脈で語られてきた。また、①②⑦の条文をみると、切支丹・不受不施・悲田宗に関する、些か現実離れし、観念化されたイメージが語られている。一方で、④⑧の条文など、隠れキリシタンや、不受不施・内証題目講の内信の信仰形態などを想起させる表現も含まれている。

「請合之掟」が、いつ、どういった人によって作られたのか、現時点では未詳である。ただ、ある程度の流布の様相はわかる。現存するテクストを検討すると、条文の分かれ方、文言の違いなど、いくつかの系統のテクストがあることがわかる。現時点で確認できる限りでは、一八世紀後半の時点で、確かに存在していたことを確認できる。またテクストの分化も、一八世紀後半の段階で確認できる。無論、成立や分化は、それ以前に遡るものであろう。そして、一八世紀末以降、残存する書写の事例が多く見られ、近代に至るまで、諸系統の写本が、宗派・地域を超えて、連綿と書写されている。このことからわかるように、教団組織内で体系的に「請合之掟」を流布させる、ということは稀である。また、檀家に「請合之掟」が提示されていたことが確認できる事例もあることはあるが、一般的には、寺院経営に利するものとして日常的に活用されていた訳ではなかったようである。

「請合之掟」が具体的に活用される事例として、明和・安永年間に、神職が檀那寺に属して葬祭をうけることを嫌い、檀那寺から離檀して自身葬祭（自らによる神葬祭）を行うべく動いたことへの対応のなかで、「請合之掟」が持ち出されていることを挙げることができる（松本久史「近世偽文書と神職の意識と行動」『日本文化と神道』二、市村其三郎「神葬祭問題とその発展」『史学雑誌』第四一編第九号）。また、一八二七（文政一〇）年に陰陽師豊田みつきらが摘発され、結果的に「切支丹」として処罰されたいわゆる「京坂切支丹一件」で、処罰者のなかに真宗諸派寺院の檀那がいたことから、文政一二・一三年に、真宗高田派・東派・仏光寺派・西派で、末寺にキリシタンの穿鑿や、檀那の教化を厳重にするように指示が出されている。そのなかで、「請合之掟」が持ち出されている。ここでは、僧侶の「宗門改担当者」としての自意識を確認ないしアピールするような局面で、「請合之掟」が持ち出されている（松金直美「（史料紹介）宗門掟（従公儀邪宗門御触示）」『同朋大学佛教文化研究所紀要』第三二号、平田厚志「近世本願寺教団における「真俗二諦」思想の形成」『真宗思想史における「真俗二諦」論の展開』）。ただし、このことによって真宗各派の教団内部に「請合之掟」が行き渡ったということではなく、このあとも「請合之掟」の諸系統の書写が確認される。

一方で「請合之掟」は、仏教諸教団からの情報徴収などの機会を通じて、幕府側にも混入していく。当初、幕府側は、安永年間の段階では「請合之掟」の発令を否定していたが、やがて、必ずしも否定しない局面も生じる。そして離檀の禁止同様、「請合之掟」は、『徳川禁令考』にも採録される。

五　おわりに

本章では、課題を提示した後、まず第二節で、寺院・僧侶が葬祭への関与を梃子として地域社会に定着していったこと、そのことと相俟って寺請制度が草創されたことを述べた。そのうえで、寺請制度のもとでの、宗門人別改帳の作成の実態に触れた。宗門人別改帳はあくまでも町村（や武士の家）などを主体として作成され、寺院・僧侶はそこに関与するかたちとなる。

ついで第三節では、そういった葬祭・宗判が、近世寺院の多様な機能のうちの一つであったといえることを確認した。また寺院も、単に教団に一元的に属していると捉えられたり、僧侶の「家業」として捉えられたりするのではなく、町・村や檀家組織などとの関係も含めて考える必要があることを指摘した。さらに、寺檀関係や葬祭のあり方について、幕閣や幕府吏僚の眼前にある江戸では、村落のそれなどから導かれる像とは相当異なる様相であったことにつき、西木浩一の研究から紹介した。

そういった実態や構造を指摘したうえで、最後に第四節では、「離檀の禁止」や「一家一寺制」をめぐる通念が、（実態や原則には必ずしも沿わないかたちで）情報の流通のなかから醸成されてくるさまを指摘した。さらに、「宗門（寺）檀那請合之掟」などとして知られる偽法令も含めて、そういったものが、寺院・僧侶をめぐる競合状況を背景として、寺檀制度の確立期よりむしろ、近世中後期に流布し、醸成されてくる様相を指摘した。それらは近代に至れば、『徳川禁令考』に幕法として採録されたように、寺檀制度確立期から「葬祭仏教」に相応した強固な寺檀関係を担保する制度が幕府により指向されていたかのごとき通念へとつながっていくものかと思われる。しかし、そういった通念がどの程度、どういった層に共有されてきたのか、という点についてはまた精査が必要だろう。さらに「葬祭仏教」もゆらぎつつあるともいわれる昨今の状況においていかなる変容がみられるのか、検討する必要もあろうか。

(1)「檀家」という語は、近世段階において散見される。『日本国語大辞典』第二版でも、室町中期・文明本節用集における用例をはじめ、近世の用例も採録されている。

(2)なお判例集において、「祈願檀家は帰依次第なり」という条文が採録されているものがある。このように、実際にはいずれも相対次第で離檀可能なのだが、判決の局面などで、祈禱寺檀関係に比べて、宗判に関する寺檀関係(とりわけ家の継承者に関して)の方が、離檀が容易でない、という観念がみられる場合がある。これがどういう原理によるものか、なお検討が必要である。仮説的には、宗門改の円滑化が必要だという宗判独自の事情や、祈禱寺檀関係の多様性などが想定されよう。

参考文献

大津透他編『岩波講座　日本歴史』第一一巻　近世二(岩波書店、二〇一四年)
圭室諦成『葬式仏教』(大法輪閣、一九六三年)
辻善之助『日本仏教史』近世編之一~四(岩波書店、一九五二~一九五五年)
東京都公文書館編(西木浩一執筆)『都史紀要三十七　江戸の葬送墓制』(東京都、二〇〇九年)

朴澤直秀『幕藩権力と寺檀制度』（吉川弘文館、二〇〇四年）
『近世仏教の制度と情報』（吉川弘文館、二〇一五年刊行予定）

第二章　浮世の思想と文芸・芸能

中嶋　隆

一　はじめに――斬り結ぶ生と死

「かぶき者」の覚悟

『豊国祭礼図屏風《ほうこくさいれいずびょうぶ》』（徳川美術館蔵）に、一人の若者が画かれている。揃いの衣装で着飾った町衆の群舞など、豊国祭を祝う人々の華麗な風俗を画いた屏風の片隅に、喧嘩する男たちが配されるのだが、そのなかに、制止する男を振り切り、斬り合いに赴こうとする諸肌脱ぎの若者がいる。この若者の抱えた朱鞘の太刀には、金文字で「生き過ぎたりや二十三、八幡引けはとるまい」と書かれている。

この若者の必死の覚悟には、イエスズ会宣教師の編纂した『日葡辞書《にっぽじしょ》』に「ひどく常軌を逸した人」と説明される「かぶき者」の闊歩した当時の風潮に応ずるものが感じられる。「かぶく」とは、変わった恰好をする、常識に反したことをする、が本来の意味である。「かぶき者」の異相・異風が奇抜であればあるほど、日常と非日常とを隔絶する境界が明確化する。さらに徒党を組むことによって、一種の祝祭空間が演出される。江戸時代初期には、正統なものや秩序、様式を破壊する傾向をもった、この異端の文化が、伝統文化や舶来文化とともに並存した。

「よし何事もうち捨てて、ありし昔のひとふしをうたひて、いざや、かぶかん、かぶかん」（京大本『国女歌舞妓絵詞』）と、阿国歌舞妓に登場する「かぶき者」名古屋山三は言う。一六〇三（慶長八）年に斬り死にした山三は、かぶき踊りで一世を風靡した出雲の阿国の恋人として伝説化した。史実の山三は、名越因幡守高久の次男で、織田信長の姪を母とし、妹が森忠政に嫁した名門の武士だった。

高貴な侍と遊行芸能民にすぎない美女との文化的・身分的障壁を越えた恋愛という夢想が成立したこと自体に、大衆の意思があった。その意思は、『豊国祭礼図屏風』に画かれた、まさに闘いに臨もうとする若者の生死を賭した覚悟と同質である。

「かぶき者」の異相・異風には目的がないように、既存秩序を破壊しようとする大衆の意思にも、目指すべき秩序がない。若者は、闘争の目的いかんにかかわらず命をかける。江戸初期の大衆文化は、命（秩序）の重みを自覚しつつ、その命（秩序）を目的もなく投げ出す潔さに価値を見出していた。『洛中洛外図屏風』や『豊国祭礼図屏風』に画かれた、風流《ふりゅう》踊りに興ずる官能的な京町衆の姿には、太平の世の謳歌ではなく、生死を賭した享楽を見るべきなのだ。

生と死とが等価の重みをもつ近世初期の享楽的風潮は、極楽往生を願う中世の無常観と異なるようにみえて、実は同質だったと思う。無常の世だからこそ、穢土である現世に刹那的快楽を求めたい。『豊国祭礼図屏風』の若者の心情に即して言えば、いつ死ぬかもしれない世だからこそ、一瞬の生を燃焼させたいという大衆の願望は、現世が無常だと考える点では、中世と変わらない。

「憂世」と「浮世」

よく引かれる例だが、一六六五（寛文五）年頃刊行された、浅井了以《あさいりょうい》の仮名草子『浮世物語』では、「よろづにつけて、こころにかなはず、ままならねばこそうき世（憂世）とはいふめれ」「世の中の事、ひとつも我が気にかなふことなし。さればこそうき世（憂世）なれ」という作中の主張が、次のように反論されている。

いいや、その義理ではない。世に住めば、なにはにつけて善し悪しを見聞く事、みな面白く、一寸さきは闇なり、なんの糸瓜の皮、思ひ置きは腹の病、当座当座にやらして、月雪花紅葉にうちむかひ、歌をうたひ酒のみ、浮きに浮いてなぐさみ、手前のすり切りも苦にならず、沈みいらぬこころだての、水に流るる瓢箪のごとくなる、これを浮世となづくるなり。

（『浮世物語』巻一の一「浮世といふ事」）

この文章は、谷脇理史の指摘するように、「中世的憂世から近世的浮世の意義転換を明確に行った」わけではなく、現世に対する同一の認識のもとで「現実にどう対処するかという方法の問題へと論点を移行」させたにすぎない。(1) その現実対処の仕方は、将来どうなるかわからないこの世を苦にしたりせず、破産（手前のすり切り）も気にしないで、その場その場を楽しく生きよう、ということである。水上の瓢箪のごとく自在に生きるから、「憂世」ではなく「浮世」だと述べられているが、この主張は、いささか場当たり的処世観である。

私がこの文章に注目するのは、論理ではなく、冒頭で述べた「生き過ぎたりや二十三、八幡引けはとるまい」と書かれた太刀を手にした若者の心情と同質な情念が、言説の背後に感じ取れるからである。現世が「憂世」であるからこそ、すべてを抛ち、余計なことに悩まずに、その場その場に応じた快楽を追求する、そのヘドニズムの潔さは、命を賭す若者の心情と同じではないか。

それは、作者浅井了以というより、一七世紀の大衆が共感した情念と言ったほうが適切だろう。憂世を振り捨てる潔さに価値を見出した現世享受、近世の「浮世」観は、ここから始まった。

二　西鶴の描いた神仏と発心

仏教説話の変質

一六八九（元禄二）年刊西鶴『本朝桜陰比事《ほんちょうおういんひじ》』巻二の二「死人は目前の剱の山」は、次のような話である。死んだ父親から、立山で証拠に脇差を託されたという旅僧が、その息子を訪れた。僧は、遺産を全て仏に施すようにと父親に伝言されたと語るが、実は、腰元と僧とが共謀して、脇差を盗み、息子を欺こうとしたものだった。

この詐欺譚のルーツになった話は、霊が証拠の片袖を託して回向を依頼するという霊験譚「片袖説話」である。この説話は『立山曼荼羅』等の霊山縁起や『奇異雑談集』巻一の一に見られ、立山を中心に各地に流布した。鈴木正三の法談を編纂した、一六六一（寛文元）年刊片仮名本『因果物語』上巻一の第五話にも、僧になった弟の譲銀で何不自由なく暮らした兄が、死後、霊になって弟に弔いを頼み、証拠に片袖を託すという話が載る。同じような話は、一六八三（天和三）年刊『新御伽婢子《しんおとぎぼうこ》』巻五の三にも見られる。こちらは、心中した娘の霊が、自害の経緯を巡礼に語り、親に手拭いを託すという話である。

一六八六（貞享三）年刊『諸国心中女』巻三の一では、男女の霊が僧に心中の理由を語った後、証拠に、男は刀、女は念珠を渡す。片仮名本『因果物語』では、霊の回向依頼が事実であるという唱導的姿勢が顕著だが、『諸国心中女』では、男女の心中にいたる恋物語のほうが主に叙述され、霊験譚は恋物語のフレームとなっているにすぎない。

元来、法談の話柄だった片袖説話が文芸的趣向に変じている点では、一六八六（貞享三）年刊『好色三代男』巻三の一が顕著であろう。この話は、掘抜き井戸に転落した冷水売りが、風呂屋女の案内で地獄巡りをするという内容。『富士の人穴草子』を当世風に翻案した話だが、風呂屋女から母に渡せと託された物は「質札二枚」だったというオチがつく。ここでは、片袖説話が霊験譚としての意味を失い、笑話の一要素として機能している。盗んだ脇差を霊から託されたことにした『本朝桜陰比事』の例も、仏教説話が次第に仏教的意義を喪失していく文芸化の潮流として理解されなければならない(2)。

擬人化された神仏

仏教説話の唱導的要素が希薄化する傾向をもつなかでも、西鶴の浮世草子に描かれた神仏は異彩を放っている。西鶴作品に登場する神仏は、擬人化されることが多い。一六八六（貞享三）年刊『好色五人女』巻三で、茂右衛門と駆け落ちしたおさんの夢枕に現れた「切戸の文殊堂（京都府宮津市知恩寺）」の文殊師利菩薩に、おさんは、次のように言う。

「汝等、世になきいたづらして、何国までか、その難のがれがたし。されども、返らぬ昔なり。向後浮世の姿を止めて、惜しきと思ふ黒髪を切り、出家となり、二人別れ別れに住みて、悪心去つて菩提の道に入らば、人も命をたすくべし」と、ありがたき夢心に「末々は何にならうとも、かまはしやるな。こちや、これが好きにて身に替へての脇心、文殊様は、衆道ばかりの御合点、女道はかつて、知ろしめさるまじ」といふかと思へば、いやな夢覚めて……。

（『好色五人女』巻三の四）

「出家し菩提の道に入れ」と説く仏に「男色はご存じでも、女色はご存じあるまい」と、おさんは悪態をつく。この文殊師利菩薩は信仰の対象というより、娘に説教する親仁のようだ。

唱導を目的とした仏教説話が、時代が下ってくると、文芸化する現象については前述した。西鶴の浮世草子に描かれる神仏は、説話のプロットを改変した仮名草子の場合とは、文芸化の発想が異なっている。徹底して神仏に「人間臭」を付け、元来超越的存在の神仏を人のように描いて、読者の笑いを誘う。このような方法を、西鶴は意図的に用いた。これは、神仏／人間・上／下を取り合わせて笑いを生じさせる俳諧的方法が採られたとも考えられる。が、より本質的には、人となった神仏に現世（人）の論理を対置した点に特徴がある。この構図は、来世より現世の幸せを望んだ大衆願望の現れでもあろう。

蓄財の論理

西鶴の描いた神仏は、畏怖の対象ではなく、きわめて人間的である。たとえば、大阪府貝塚市にある龍谷山水間寺の本尊は、聖武天皇の夢枕に現れ、勅命を受けた行基上人が滝の中から探したと伝えられる聖観世音菩薩である。現在まで開帳もされたことのない秘仏が、次のように描かれた。

折節は春のやま、二月初午の日、泉州に立たせ給ふ水間寺の観音に、貴賤男女参詣《まう》でける。みな信心にはあらず、欲の道づれ、はるかなる苔路、姫萩、荻の焼け原を踏み分け、いまだ花もなき片里に来て、この仏に祈誓かけしは、その分際ほどに富めるを願へり。この御本尊の身にしても、独り独りに返言し給ふもつきず、「今この娑婆につかみ取りはなし。我頼むまでもなく、土民は汝にそなはる。夫は田打ちて婦は機織りて、明暮そのいとなみすべし。一切の人、このごとく」と、戸帳ごしにあらたなる御告げなれども、諸人の耳に入らざる事の浅まし。

（『日本永代蔵』巻一の二）

「分相応に与えられた職分を尽くせ」という水間寺観音のお告げは、西鶴、というより当時一般的だった職能的人間観を代弁している。このような人間観を一般論のかたちで述べた『武家義理物語』序文は、西鶴の革新性を表した叙述だと一時期評価されたこともあったが、西鶴独自の認識だと考えるべきではない。

それ人間の一心、万人ともに替れる事なし。長剣させば武士、烏帽子《えぼし》をかづけば神主、黒衣を着すれば出家、鍬を握れば百姓、手斧つかひて職人、十露盤《そろばん》をきて商人をあらはせり。その家業、面々一大事をしるべし。

（『武家義理物語』序文）

擬人化した水間寺観音が登場する一六八八（貞享五）年刊『日本永代蔵』巻一の一「初午は乗てくる仕合」では、西鶴は、職能的人間観に立って「士農工商に限らず、人はみな家業に励んで蓄財に努めるべきだ」と、次のように主張する。

一生一大事、身を過ぐるの業、士農工商のほか、出家、神職にかぎらず、始末大明神の御託宣にまかせ、金銀を溜むべし。これ、二親のほかに命の親なり。人間、長くみれば、朝《あした》をしらず、短くおもへば、夕《ゆふべ》におどろく。されば天地は万物の逆旅《げきりょ》、光陰は百代《はくたい》の過客、浮世は夢まぼろしといふ。時の間の煙、死すれば何ぞ、金銀、瓦石にはおとれり。黄泉の用には立ちがたし。然《しか》りといへども、残して子孫のためとはなりぬ。

（『日本永代蔵』巻一の二）

「命の親である金銀は黄泉の用には立たない。それはもっともだけれども、遺せば子孫のためになる」という最後に述べられた教訓を読むかぎり、「厭離穢土《おんりえど》、欣求浄土《ごんぐじょうど》」の中世仏教的死生観とはかけ離れ、むしろ現代の拝金主義に通じる面さえうかがえる。

「天地は万物の逆旅、光陰は百代の過客、浮世は夢まぼろしといふ」という『日本永代蔵』の叙述は、当時流布した『古文真宝後集』に載る李白「春夜ニ桃李園ニ宴スルノ序」の一節「夫《それ》天地ハ万物ノ逆旅ナリ、光陰ハ百代ノ過客ナリ」を引用したものである。この一節は、芭蕉『奥の細道』の冒頭に引かれていることで、よく知られている。

月日は百代の過客にして、行かふ年も又《また》旅人也。舟の上に生涯をうかべ、馬の口とらへて老をむかふるものは、日々旅にして旅を栖とす。古人も多く旅に死せるあり。

（『奥の細道』）

両者を比較すると、一節で述べた『浮世物語』の現世観・浮世観に近似した論理を展開しているのは西鶴

『世間胸算用』巻三の三「小判は寝姿の夢」（谷脇理史他校注・訳『新編日本古典文学全集68』（井原西鶴集3）より転載）

である。無常かつ夢幻である浮世であっても、だからこそ子孫のために蓄財は必要である。こういう逆説的な論理は、一七世紀の大衆のもった死生観の根底にあった。

一方、芭蕉は、自らの生涯を、宗祇や西行のような旅に明け暮れた「古人」になぞらえる点で、異なった論理を展開する。芭蕉の死生観や当時の俳諧師の旅については三節で言及するが、芭蕉は中世の死生観にあこがれ、模倣することを人生と考えたのだ。

無間の鐘

金銭と死生観とがからんだ話となると、西鶴の筆は冴える。一六九二（元禄五）年刊『世間胸算用』巻三の三「小判は寝姿の夢」には、「無間の鐘」を撞いてでも金が欲しいと願う貧乏人が登場する。この一家は、年が越せなければ飢え死にするという極限状況にあったのだが、この貧乏人が、かつて見たことのある両替屋の店先に置かれた小判のことばかり考えて寝込んでいると、一二月晦日の曙に、女房が、どうしたわけか、小判が一かたまり置いてあるのを見つける。が、亭主が目覚めたとたん、小判が消えてしまった。

「さても惜しや」と悔やみ、男にこの事を語れば、「我、江戸で見し金子、欲しや欲しやと思ひ込みし一念、しばし小判顕れしぞ。今の悲しさならば、たとへ後世は取りはづし、奈落へ沈むとも、佐夜の中山にありし無間の鐘をつきてなりとも、先づこの世をたすかりたし。目前に福人は極楽、貧者は地獄、釜の下へ焼《た》くものさへあらず。さても悲しき年の暮れや」と、我と悪心発《おこ》れば、魂入れ替はり、少しまどろむうちに、黒白の鬼、車をとどろかし、あの世この世の堺《さかひ》を見せける。（『世間胸算用』巻三の三）

「無間の鐘」は、静岡県掛川市「佐夜の中山」の北、無間山（粟ヶ岳）にあった曹洞宗観音寺の鐘で、この鐘を撞けば来世は無間地獄に堕ちるけれども、現世では金持ちになれるという俗信があった。あまり鐘を撞く人が多かったので、住職が古井戸に埋めたと伝えられる。その「無間の井戸」は、現在粟ヶ岳の阿波々《あわわ》神社境内にある。

『日本鹿子』という当時の名所記には、以下の記述がある。

今とても、その鐘の埋まりし跡なりとて、榊の枝を切りて、さかさまに打ち込みぬれば、鐘撞きたる同意とて、いかなる者の仕業やらん、絶えず榊の有之《これあり》。（『日本鹿子』巻六）

西鶴は、放漫経営で家業を潰し、手代からも見捨てられて無一文となった忠助という駿河の呉服屋が、長屋仲間から集めた金で佐夜の中山までやってきて「無間の鐘」を撞く様子を、次のように描いた。

佐夜の中山に立たせ給ふ峯の観音に参り、後世はともあれ現世を祈りて、いつの世には埋みし無間の鐘のあり所を尋ねて、骨髄抛って、「我一代、今ひとたびは長者になし給へ。子供が代には乞食になるとも、只今たすけ給へ」と、心入れ奈落までも通じて突きにける。（『日本永代蔵』巻三の五）

「目前に福人は極楽、貧者は地獄」と言う『世間胸算用』巻三の三の貧者も、「子供が代には乞食になるとも、只今たすけ給へ」と無間の鐘を撞く『日本永代蔵』巻三の五の忠助も、極楽往生より、現世で裕福になることをひたすら願っている。

ここにいたって、『浮世物語』に述べられた「手前のすり切り（注：破産）も苦にならず、沈みいらぬこころだての、水に流るる瓢箪のごとくなる」という浮世願望とは異質な世界が描かれた。それは、一言で言うなら、与えられた職分を相応に尽くせなかった人間の金銭への執念・執着の世界である。ここでは、憂世の無常観は問題にもされないし、『豊国祭礼図屏風』に画かれた若者の潔い覚悟も感じられない。ただ浮世の妄執があるだけだ。

発心・遁世の変質

西鶴の浮世草子には、いかにも近世的というか、中世以前にはあり得ない遁世者が登場する。一六八六（貞享三）年刊『好色一代女』では、『遊仙窟』を踏まえて、「好色庵」に隠棲する「一代女」が、僧衣をまとわず着飾った有髪の尼姿で、挿絵に画かれる。中世物語や仮名草子の懺悔物の尼は、過去の罪を滅消するために懺悔するわけだから、出家した以上は身持ち正しく修行していなければならない。ところが、この「一代女」は酒を飲んで昔の色事を語る、いわば好色尼である。

一六九五（元禄八）年刊『西鶴俗つれづれ』にも「序　嵯峨の隠家好色庵」という章に「茲に嵯峨の山、歴々の隠家、都は人の付会もむつかしく、親仁のゆづりの小判を友とし、楽を此山陰に極て」と、享楽的隠者が登場する。偽作説のある『浮世栄花一代男』の隠者は「ことに栄花なる隠れ住……七十あまりの親仁殿、此家の将軍らしき顔つきして艶女かぎりもなく白絹のひとへなるに、紅のした紐みだりに肌見へすきてこのもし」と描かれる。これは隠棲どころか、半裸体の美女と一緒に同棲しているのだから、仏教的・中世的隠遁とはほど遠い。

　西鶴の創作した、このような好色隠者は、現世の快楽を追求するヘドニズムの延長に成立したフィクションである。発心遁世という仏教的処世が、現実の様々な制約から欲望を解放する文芸的趣向に変じたのだ。

『好色一代女』巻一の一「老女隠家」（暉峻康隆・東明雅校注・訳『新編日本古典文学全集66』（井原西鶴集１）より転載）

　ところで、西鶴の町人物には、俗世をはかなんで発心したという結末は一話もないが、武家物には、最後に主人公たちが発心するという話が多い。現実には、例えば鈴木正三《すずきしょうさん》や深草元政《ふかくさげんせい》は出家しているし、石川丈山《いしかわじょうざん》のように、出家ではないが似たような隠棲をしている侍もいる。しかし、これは当時の武家社会を考えれば極めて稀な例で、致仕して出家が認められた例は少ない。西鶴の武家物に頻出する発心・遁世という結末は、必ずしも現実の武家社会の反映ではなかった。

『武家義理物語』巻一の五「死なば同じ波枕とや」は、

預かった朋輩の子が水死したので、生き残った我が子にも死を命じた侍の話である。この悲劇の原因は、この侍が止めるのも聞かず「血気さかんにましまして、是非をかんがへ給わず、御心のままに越せよ」と命じた若殿の無謀さにあった。この侍は、帰国後出家する。

式部は暫く世を観じ、まことに人間の義理程かなしき物はなし。故郷を出し時、人もおほきに、我を頼むとの一言、其まゝには捨がたく、無事に大川を越たる一子を、態と最期を見し事、さりとてはうらめしの世や。……殊に母のなげきも常ならず。時節外なる憂き別れ、おもへばひとしほかなしく、此身も爰に果なんと思ひしが、主命の道をそむくの大事と、面に世間を立て、内意は無常の只中を観念して、若殿御機嫌よく御帰城を見届け、何となく病気にして取籠り、其後御暇乞て、首尾よく伊丹を立のき、播州の清水（注：兵庫県御嶽山、天台宗清水寺）に、山ふかくわけ入り、夫婦形をかへて、仏の道を願ひ……。

（『武家義理物語』巻一の五）

たまたま依頼された一言に義理を立て、我が一人息子を死に追いやった自責の念から、主人公は出家を決意した。が、直ぐに剃髪したわけではない、世間体を重んじ、無謀な渡河を命じた若殿の帰城を見届けてから、病気と偽って自邸にこもり、やっと出家が許されている。その出家も、無常心を抱くことが即法体となった中世物語のような描かれ方ではなく、武家社会の不条理から逃避するための発心・遁世のような印象が強い。

君たらざる君に対する臣の義理、一人息子が不慮の死を遂げたことによる家の断絶、親しくもない朋輩の一言への義理。西鶴が描いた発心・遁世は、宗教的というより、むしろ社会性をもつことに、その特徴があった。

三　俳諧師の旅

芭蕉の旅

前述のように、芭蕉は宗祇や西行のような旅人にあこがれ、旅に明け暮れた生涯をおくった。「野ざらしを心に風のしむ身哉」という発句の載る『野ざらし紀行』には、「西行谷（注：伊勢内宮南方、神路山の谷）の麓に流あり。おんなどもの芋あらふを見るに　芋洗ふ女西行ならば哥よまむ」と、西行ゆかりの地を訪れた芭蕉の欣喜雀躍する様子がうかがえるような発句が載っている。この句は、西行が江口の遊女に狂歌を詠みかけ、返歌を得たという『撰集抄』に記された故事をふまえる。

「俳諧七部集」の最初の選集『冬の日』には、芭蕉の発句「狂句こがらしの身は竹斎に似たる哉」を発句とする野水・荷兮《かけい》・杜国《とこく》らと作った歌仙が載る。この発句には、『野ざらし紀行』の旅の途上、訪れた名古屋の連衆に対する、挨拶の意味も籠められているのだが、前書きには、「笠は長途の雨にほころび、帋衣《かみこ》はとまりとまりのあらしにもめたり。侘つくしたるわび人、我さへあはれにおぼえける。むかし狂歌の才子、此国にたどりし事を、不図おもひ出て申侍る」とある。

「狂歌の才子」竹斎は、実在の人物ではなく、仮名草子『竹斎』に登場する、狂歌を得意とした藪医者。この竹斎が、江戸に下る途上、名古屋で開業するのだが、その姿になぞらえて、木枯らしに吹かれてゆく自らの侘び姿を、「狂句こがらしの身は竹斎に似たる哉」と、芭蕉は発句にしたのだ。実際そうだったかはともかく、ものに取り憑かれて旅をする貧寒の俳諧師という芭蕉のイメージがよく表現されている句である。

西鶴や芭蕉の活躍した時期に、西行を主人公にした『撰集抄』、菱川師宣画『西行和歌修行』や宗祇を主人公にした『宗祇諸国物語』等が、版本で流布した。あるいは『東海道名所記』『竹斎』『浮世物語』前半では、各地を廻る主人公が登場する。このような「旅」というモチーフをもつ仮名草子も、フィクションとはいえ、このころの俳諧師の旅のイメージに、影響を与えた。

西鶴の芭蕉評価

芭蕉は、西鶴の浮世草子を「或は人情をいふとても、今日のさかしきくまぐま迄探り求め、西鶴が浅ましく下れる姿あり」(『去来抄』)と批判した。前節で述べた西鶴の徹底した人間認識が、芭蕉の理想とする俳文にはそぐわなかったからだろう。一方、西鶴が芭蕉を評した文献が一点だけある。これを読むと、西鶴は、宗祇に倣って俳諧一筋に生きた芭蕉を高く買っていたようだ。

武州の桃青(注:芭蕉)は、我宿を出て諸国を修行、笠に「世にふるはさらに宗祇のやどりかな」と書付、何心なく見えける。これ又世の人の沙汰はかまふにもあらず、ただ俳諧に思ひ入て、心ざしふかし。今時の宗匠、一体子細らしくせぬはなかりし。何とやら目立けれども、面々の身なれば、無用の異見も成り難し。

(『西鶴名残の友』巻三の四)

引用したのは、西鶴没後、門人北条団水が遺稿を編集した、一六九九（元禄一二）年刊『西鶴名残の友』巻三の四「さりとては後悔坊」の一節である。芭蕉が笠に書き付けた発句は「世にふるは」ではなく「世にふるもさらに宗祇のやどりかな」という句形も伝わっているが、宗祇の著名な発句「世にふるもさらに時雨《しぐれ》のやどり哉」の「時雨」を「宗祇」に一語だけ替えている。西行や宗祇といった旅に明け暮れた先人たちを慕って、自分も旅の生涯をおくろうという芭蕉の覚悟が表現された発句である。

古典世界への憧憬

宗祇や西行を慕って旅をしたのは、芭蕉だけではない。西鶴も、西鶴周辺の俳諧師たちも、さかんに旅をした。当時の俳諧師の旅の特徴を理解するには、中世と近世との文化構造の違いを視野に入れることが必要である。

言うまでもなく、中世と近世とは、時間軸が断絶しているわけではない。しかし、安土桃山時代の前には、戦国時代と呼ばれた中世後期の約一〇〇年に及んだ戦乱期があった。この戦乱期があったことで、近世の文化構造が独特なものになった。

つまり、一六世紀から一七世紀初めにかけての長期化した戦乱のために、中世以前の文化構造が破壊され、江戸時代初期になって、出版メディアが大きく影響を及ぼすかたちで、中世的なものが再生された。一直線に中世から近世へ展開したということではなく、文化史的には、約一〇〇年間をはさんで、中世以前の文化が新しい姿で、近世に再構築された。

版本文化（プリント・カルチャー）の花開いた江戸時代の人々は、平安時代の公家文化や、「わび・さび」のような美意識の確立した東山文化を、広範囲に、つまり広く浅く享受した。必ずしも正確に理解したとはいえなくても、書物で読みとられる世界にあこがれ、その真似をした。そこに、近世独特の中古・中世文化の享受があった。

一五世紀半ばくらいまでの日本文化は、上層文化と民衆文化との間の境界が極めて強くて、下が上を越えることができないという構造をもっていた。それが一七世紀になると、これまで宮中で培われた上層文化に触れることのできなかった階層が、憧憬の対象として宮中文化に目を向けることができるようになった。出版というメディアを通して、庶民階級でも上層文化に触れることができるようになり、版本によって中世の旅を知るようになった大勢の俳諧師たちが、自分の生き方を旅に求めるようになったのだ。

旅の実態

前述のように、西行や宗祇に自らをなぞらえた松尾芭蕉だけが旅をしたわけではない。たとえば、一六八三（天和三）年から一六八九（元禄二）年にかけて全国行脚した紀行文を『日本行脚文集』にまとめた大淀三千風も、数度にわたって旅をしている。

一六八三（天和三）年〜一六八九（元禄二）年　仙台を起点に全国行脚。
一六九〇（元禄三）年『日本行脚文集』刊行。
一六九五（元禄八）年　大磯鴫立庵再興。

「心なき身にも哀れは知られけり鴫立沢の秋の夕暮　西行」

一六九七（元禄一〇）年　鴫立庵に「西行堂」建立。

一六九八（元禄一一）年〜一七〇〇（元禄一三）年および一七〇二・三（元禄一五・一六）年　九州行脚。(3)

室賀轍士も、一六九一（元禄四）年に、芭蕉の「奥の細道」に倣い、陸奥行脚をした。翌一六九二年には、京を起点に尾張、三河、北陸等へ旅した。(4)

轍士が一六七二（元禄一五）年刊『花見車』で、次のように述べている。

近年、桃青門人世にはびこり、諸国に頭陀往行して名山・古跡を見、または一筋をすすめてありくに、四五日もとどめて……伝授をかたらせ、昼は会に引出し、夜は鳥のなく迄ものかかせなどして、べつたりとくたびらかし、帰る時は集料・句代ばかりさし出して、此かた便状以てなどとまぎらかし置也。からじり・草鞋・茶碗酒は何を以てととのふるや。右の句料をつかう外なし。……宗祇は大名によき連衆を持て臨終まで心よし。

（『花見車』巻二）

三千風には富田氏というパトロンがいたようだし、松尾芭蕉もやはりそれに近い存在がいた。そういう恵まれた俳諧師もいただろうが、『花見車』で愚痴られているように、実際の俳諧師の旅というのは、集金の旅であり、またその金を旅費に使ってしまう旅でもあった。これがおそらく俳諧師の旅の実態ではなかったかと思う。

西行堂を再興したり、大磯の鴫立庵を復興したりした大淀三千風のように、これらの俳諧師も、芭蕉と同じく、西行や宗祇に自分をなぞらえていた。実際には旅費の工面に苦労する旅だったにしろ、それが文芸的に表現される際には、宗祇や西行といった古典世界の先人たちの旅があこがれの対象となり、それが真似られたのである。まさしく、中世文化の模倣として、旅が表現されていることがわかる。

芭蕉の死生観

『野ざらし紀行』の旅、『笈《おい》の小文《こぶみ》』の旅、『奥の細道』の旅を経て、晩年も関西を旅した芭蕉の「病中吟」、「旅に病で夢は枯野をかけ廻る」は、芭蕉の最期を飾るのにふさわしい名句である。

百骸九竅（注：人間の肉体）の中に物有り。かりに名付て風羅坊（注：芭蕉の別号）といふ。誠にうすものゝかぜに破れやすからん事をいふにやあらむ。かれ狂句を好むこと久し。終に生涯のはかりごとゝなす。ある時は倦で放擲せん事をおもひ、ある時はすゝむで人にかたむ事をほこり、是非胸中にたゝかふて、是が為に身安からず。しばらく身を立む事をねがへども、これが為にさへられ、暫く学で愚を暁《さとら》ん事をおもへども、是が為に破られ、つゐに無能無芸にして只《ただ》此一筋に繋る。西行の和哥における、宗祇の連哥における、雪舟の絵における、利休が茶における、其《その》貫道する物は一《いつ》なり。しかも風雅におけるもの、造化にしたがひて四時を友とす。見る処花にあらずといふ事なし。おもふ所月にあらずといふ事なし。像《かたち》花にあらざる時は夷狄にひとし。心花にあらざる時は鳥獣に類す。夷狄を出、鳥獣を離れて、造化にしたがひ、造化にかへれとなり。

（『笈の小文』）

右に引用した『笈の小文』冒頭文は、「病中吟」を遺して歿した芭蕉の死生観をよく表している。創作にかかわる煩悩を捨て、芭蕉が拠ったのは「造化」、すなわち天地自然である。西行・宗祇・雪舟・利休という、美を追求した先人たちの芸術を貫いたのも、それだと言う。破れやすい薄物のように、はかない肉体のなかにある、やむにやまれぬ「造化」への思い（「物」）が、俳諧（「狂句」）という生涯の「はかりごと」となった。

このような芭蕉の芸術観は、中世文化への憧憬・模倣の域を超えている。西鶴の描いた金銭への妄執が、芭蕉においては芸術への妄執に変じたようであり、さらに人生に対する諦観さえ感じられる。芸術観と死生観とが渾然一体となった生涯をおくった点で、芭蕉は同時代の俳諧師から抜きんでていた。

四　おわりに――近松門左衛門の世話物

『曾根崎心中』の世界

近松門左衛門が、一七〇三（元禄一六）年四月七日、曾根崎天神の森で起きたおはつ・徳兵衛心中事件を脚色し、五月に竹本座で初演された浄瑠璃『曾根崎心中』は、竹本座の負債を返済するほどの大当たりを取った。歌舞伎の世話狂言の演出を取り入れ、人形遣いの名手辰松八郎兵衛の出遣いでおはつが演じられたことも成功の要因だが、当時の町人社会の複雑な金銭関係や人間関係を写実的に描きだしたことが、世話浄瑠璃の流行をもたらしたとして高く評価されている。

西鶴の歿したのは一六九三（元禄六）年、芭蕉の歿年は翌年なので、両者の活躍時期より、近松の世話物流行は時代がやや下ることとなる。元禄末・宝永・正徳期は、経済状況が悪化した時期でもあり、実際に心中事件が続発した。ちなみに、芭蕉にも西鶴にも心中を讃美した発言はない。

友人九兵次に金を騙し取られた徳兵衛とおはつとが心中を決意する「天満屋の場」では、おはつが独り言になぞらえて、縁の下に隠れた徳兵衛に死ぬ覚悟を問う。

縁の下には歯を食ひしばり、身を震わして腹を立つるを、はつはこれを知らせじと、足の先にて押し鎮め、押し鎮めし神妙さ。……「この上は、徳様も死なねばならぬしなるが、死ぬる覚悟が聞きたい」と、独り言になぞらえて、足で問へば、うちうなづき、足首取つて、喉笛なで、自害するとぞ知らせける。「オヽ、そのはずそのはず、いつまで生きても同じこと。死んで恥をすゝがいでは」と言へば……、「徳様に離れて、片時も生きてゐようか、そこな九兵次のどうずりめ、阿呆口をたゝいて、人が聞いても不審が立つ。どうで徳様、一所に死ぬる、わしも一所に死ぬるぞやいの」と、足にて突けば、縁の下には涙を流し、足を取つて、おしいただき、膝に抱き付き、焦がれ泣き。女も色に包みかね、互ひに物は言はねども、肝と肝とにこたへつゝ、しめり泣きにぞ泣きいたる。

（『曾根崎心中』）

二人が足問答する周知の名場面である。引用した場面で際だっているのは、潔い死というより、むしろ徳兵衛とおはつとの生への執着であり、その執着を投げ出さねばならなくなるほど追いつめられた二人の悲劇である。

金銭をめぐる町人の悲喜劇を描いても、西鶴町人物には、主人公が心中する話はない。金銭の世界を人間世界と同じような重みをもって描いた西鶴と異なり、近松の描いた金は、死に至る人間の葛藤の一つのきっかけにしかすぎない。近松は、金そのものではなく、修羅場に落ちた人間の悲劇に焦点を当てた。

「道行」の美文のあとに続く「曾根崎天神の森の場」では、親、兄弟と死に別れなければならない心中間際のおはつの未練が語られたのち、二人の死が、次のように描かれている。

> 「いつまで言うて詮もなし。はやはや殺して殺して」と、最期を急げば、「心得たり」と、脇差するりと抜き放し、「サアただ今ぞ、南無阿弥陀仏、南無阿弥陀仏」と言へども……、突くとはすれど、切先は、あなたへはづれ、こなたへそれ、二三度ひらめく剣の刃。「あつ」とばかりに喉笛に、ぐつと通るが、「南無阿弥陀仏、南無阿弥陀仏、南無阿弥陀仏」と刳り通し、刳り通す腕先も、弱るを見れば、両手を伸べ、断末魔の四苦八苦。あはれと言ふもあまりあり。「我とても遅れうか、息は一度に引き取らん」と、剃刀取つて喉に突き立て、柄も折れよ、刃も砕けと、抉り、くりくり目もくるめき、苦しむ息も暁の、知死期《ちしご》につれて絶えはてたり。
> （『曾根崎心中』）

身もだえながら死ぬ人間を、ここまでリアルに描いた古典を、私は知らない。この浄瑠璃が「げにや安楽世界より、今この娑婆に示現して、我らがための観世音、仰ぐも高し」と謡曲「田村」を引いた「観音めぐり」から始まり、「貴賤群集の回向の種、未来成仏疑ひなき、恋の手本となりにけり」と終わるのは、無惨な二人の死を鎮魂する意図が、近松にあったからだろう。

鎮魂の浄瑠璃

近松の描いた死は、阿鼻叫喚とも言うべき凄まじさをもつ。たとえば、『女殺油地獄《おんなごろしあぶらのじごく》』の、お吉が与兵衛に殺される場面。子供を案じて逃げまどうお吉に執拗に迫る与兵衛の凶刃、さらには殺人者の心理さえもが克明に語られている。

「アアこな様は小気味の悪い。必ずそばへ寄るまい」と、後退りして寄る門の口、開けて逃げんと気を配れど、「ハテきよろきよろ、何恐ろしい」と、付け回し付け回し、「出会へ」と喚く一声、二声待たず飛びかかり、取つて引き締め、「音骨立つるな女め」と、笛の鎖をぐつと刺す。刺されて悩乱、手足をもがき、「そんなら声立てまい。今死んでは、年端もいかぬ三人の子が流浪する。それがかはいゝ、死にともない、銀はいるほど持つてござれ。助けてくだされ与兵衛様」「オヽ、死にともないはず、尤も尤も。こなたの娘がかはいいほど、おれもおれを可愛がる親仁がいとしい。銀払うて男立てねばならぬ。諦めて死んでくだされ」口で申せば人が聞く。心でお念仏、南無阿弥陀仏、南無阿弥陀仏と引き寄せて、右手《めて》より左手《ゆんで》の太腹へ、刺いては抉り、抜いては切る。

（『女殺油地獄』）

『曾根崎心中』の徳兵衛も『女殺油地獄』の与兵衛も、相手を殺すときに念仏を唱えている。死後の極楽往生を願ってのことなのは言うまでもないが、浄瑠璃の聴衆には、リアルな殺人場面に挟まれた念仏が、死者への鎮魂として聞こえたに違いない。すなわち、命を絶った人間の怨念や妄執を、死後の安息に転ずる仕掛けが念仏なのだ。西鶴、芭蕉の文芸とは異なって、近松世話物に特徴的なのは、仏教を救済ではなく、死者への鎮魂として機能させた点にある。

中世の死生観とは異質な点が際だつのは『心中天《しんじゅうてん》の網島《あみじま》』の心中である。この浄瑠璃では、紙屋治兵衛と遊女小春は、治兵衛の妻おさんへの義理に苦しみ、その義理を絶つため出家姿になったうえで、心中した。

「オヽそれよそれよ、この体は、地水火風、死ぬれば空に帰る。ご生七生朽ちせぬ、夫婦の魂離れぬしるし、合点」と、脇差ずはと抜き放し、元結際より我が黒髪、ふつゝと切つて、「これ見や小春、この髪あるうちは、紙屋治兵衛といふおさんが夫、髪切つたれば出家の身、三界の家を出で、妻子珍宝不随者の法師。おさんといふ女房なければ、おぬしが立つる義理もなし」と、涙ながら投げ出す。「ア、嬉しうござんす」と、小春も脇差取り上げ、洗ひつ、梳いつ、撫でつけし、酷や、惜し気もなげ島田、はらりと切つて投げ捨つる。

（『心中天の網島』）

夫婦の義理を捨てるために尼・法師となった二人は、俗世から解放されて心中する。このような展開は、中世物語にはありえない。仏教では、出家し懺悔することで、人は救済されるはずだからである。近松が描いたのは、「厭離穢土　欣求浄土」という仏教理念では救われようのない人間だった。

中世の「憂世」を、ヘドニズムに転換した「浮世」は、約一〇〇年を経て、人間性を抑圧する「憂世」に再び転じた。聴衆とともに、「憂世」のただなかで悶死した者の魂を鎮めようとする意図が、近松の世話物浄瑠璃には一貫していると、私は思う。

（1）谷脇理史『西鶴研究序説』第一章補論「『浮世物語』の論理と構成」（新典社、一九八一年）。
（2）中嶋隆「『因果物語』の展開――仏教説話の終焉」（『岩波講座　日本文学と仏教』第二巻、岩波書店、一九九四年）。
（3）岡本勝『大淀三千風研究』（桜楓社、一九七一年）。
（4）雲英末雄「元禄俳人の旅――轍士の旅を中心として」（『元禄京都俳壇研究』、勉誠社、一九八五年）。

参考文献

堤　邦彦『近世仏教説話の研究――唱道と文芸』（翰林書房、一九九六年）
中嶋　隆『初期近世草子の展開』（若草書房、一九九六年）
『新版　西鶴と元禄メディア――その戦略と展開』（笠間書院、二〇一一年）

第三章　殉死・仇討ち・心中

谷口眞子

一　はじめに

近年の近世史研究においては、人の誕生から死に至るまでのライフ・サイクルの中で起きる介護・看取りや、死者の葬送あるいは死者を悼む意思表示としての鳴物停止、回忌法要をはじめとする死者の記憶と由緒など、生と死にまつわる問題が注目されている。本章はそれらの研究に学びつつ、殉死・仇討ち・心中という具体的な行為から、江戸時代の死生観の一端をさぐることを目的とする。三つの行為は、自他の命を奪うという点で共通しているが、身分階層、流行した時期、演劇や出版物における表現などの面で異なっている。

殉死は、主君に殉じて家臣が自らの命を絶つ行為をさす。厳密に言うと、主君の死去に際してそのあとを追う「追腹《おいばら》」と、主君の身代わりとなり、その命を救うための願掛けとして、我が身を差し出す「先腹《さきばら》」がある。幕府は一六六三（寛文三）年に殉死禁令を出した。

殉死者は主に、武士かそれにつらなる武家奉公人であり、一般の百姓や町人が、仕えていた主人のために殉死する例は、ほとんど見あたらない。殉死は、武士を対象とした武家物語の類では語られるが、一般民衆を対象とした芝居で演じられたり、黄表紙《きびょうし》——一八世紀後半から一九世紀初頭にかけて流行した、表紙が黄色の絵入りの読み物。一冊五丁で数冊を一部とする——などの読み物で描かれたりすることは、ほとんどなかった。

仇討ちは敵討とも呼ばれ、親兄弟あるいは主人や師が不当に殺され、殺害人が行方不明の際に、その行方を突き止めて敵を討つ行為である。近世後期になると、武士階層だけでなく、百姓や町人も行うようになった。仇討ちはかわら版に刷られて伝わったり、人形浄瑠璃や歌舞伎の演目に取り上げられたりしたほか、一八世紀終わりから一九世紀にかけて、文芸作品の世界でブームになっている。戯作者で黄表紙作家の山東《さんとう》京伝《きょうでん》は、一八〇四（文化元）年に『優曇華《うどんげ》物語』を出版し、以後、敵討物へと傾斜していく。幕末に作られた仇討ちの番付（相撲の番付のように、仇討ちを横綱・大関・関脇……と位付けしたもの）には、芝居の演目の多くが記載されている。人々は舞台での演技を通して、仇討ちのイメージを共有したと考えられる。

心中は相対死とも呼ばれ、主に男女が自らの意思で命を絶つ行為である。心中の多くは武家奉公人・町奉公人であり、女性には遊女や婚約していない娘、あるいは既婚者がみられる。近世においては、たとえ独身同士であっても、親が許可していない男女関係、あるいは主人が認めていない奉公人の男女関係は「不義」と観念されていた。まして、結婚している夫または妻が、他の男女と関係を持つのは「密通」と言われ、夫が妻とその相手の男性を手討ちにする「妻敵討」さえ、正当な行為として認められていた。心中は、社会的に認知されていない恋愛関係＝不義密通を原因とすることが多く、その流行は風紀の乱れと考えられたため、権力は不義密通とともに心中も禁止した。心中物は一八世紀初頭に流行したが、幕府は、心中を絵双紙や歌舞伎・狂言の題材にしてはならない、と触れてこれを禁じた。

右のように、殉死・仇討ち・心中はそれぞれ性格が異なっている。これらの行為から近世の人々の生と死に対する考え方を検討するにあたり、ここでは名誉・不名誉、処罰の方法、弔い方、記憶・顕彰の視角から考察したい。というのも、当該行為が名誉あるいは不名誉をおびているがゆえに、どのような処罰を科すか、あるいはその死体をいかに弔うか、そしてその行為が家族や親族、あるいは社会の人々の記憶に、どのように刻印されるのかは、相互に関連しており、肉体と精神に表現された近世の死生観を、一連の流れで理解することができると考えるからである。

二　殉死

死者を追う者

近世前期において主君の代替わりとは、この世の支配・統治が一度終わって、新たな支配に仕切り直しされることを意味していた。取り立てられた寵臣は、主君の代替わりとともに一掃される可能性が高かった。一七世紀後半になると、幕藩権力が確立して制度も整ってくるが、主従関係は主君による家臣の召し抱えによって成立し、召し放ちによって解消するものだった。将軍や大名の意向が政治に反映しやすく、時には勘気をこうむった家臣が、切腹を申し渡されることもあった。「武士道というは死ぬこととみつけたり」の文言で知られる『葉隠《はがくれ》』には、主君に諫言して受け入れられず、一六八九（元禄二）年に切腹を余儀なくされた、山本常朝の甥の例があげられている。

初代将軍徳川家康は、真の奉公とは殉死ではなく、跡継ぎを支えて徳川家の繁栄をもたらすことであると考えていた。しかし、二代将軍秀忠に殉死した者があり、三代将軍家光に至っては、堀田正盛や阿部重次のような老中も殉死している。主君に寵愛されて破格の出世を遂げた出頭人や、主君に命を助けられた者、主君と男色関係にあった者などが、殉死する傾向が強かった。特に、取り立てられた者は、主君の死に際して「追腹」を切るのが当然であると、武家社会では考えられていたようである。家光の「御側」で五〇〇〇石に加増された中根正盛は、殉死しなかったため江戸の日本橋に落書されている。

それでは、実際に殉死はどのように行われていたのか、佐賀藩での事例を紹介し、殉死の実態とそこにみえる彼らの観念を考察したい(1)。佐賀藩鍋島本家で、佐賀藩祖の鍋島直茂《なべしまなおしげ》（日峯《にっぽう》）、直茂後室（陽泰院《ようたいいん》）、初代藩主鍋島勝茂《かつしげ》（泰盛院《たいせいいん》）、父勝茂に先立って亡くなった鍋島忠直《ただなお》（興国院《こうこくいん》）、勝茂の娘で上杉定勝の室となった於市《おいち》（伝高院）、二代藩主鍋島光茂《みつしげ》室（柳線院《りゅうせんいん》）に殉死した者のうち、ここでは初代藩主鍋島勝茂、忠直、勝茂の娘於市の三人について、分析する。

初代藩主鍋島勝茂が、一六五七（明暦三）年三月二四日に江戸で死去すると、室の高源院と女中四人が剃髪して法体となった。勝茂の葬儀は江戸の賢崇寺で行われ、遺骨が国元へ運ばれたが、お供の者はみな法体だったという。また殉死しなかった御側の者はいずれも、剃髪したり元結を切ったりした。

勝茂には二六人が追腹を切った。うち四人は江戸で切腹している。その一人、中野杢之助は小姓物書より出世して大組頭年寄役をつとめていた。以前、杢之助に宜しからざる儀があると目付が言上したとき、勝茂は杢之助をひそかに呼び、今後は行動を慎むようたしなめるにとどめた。これを恩義に感じて、追腹の覚悟を決めたという。その後、杢之助を讒言する者があって勝茂への目通りがかなわない状態だったところ、鍋島采女が、自分と志波喜左衛門と杢之助は追腹の覚悟をしている旨を勝茂へ伝え、存生中に召し出されるよう嘆願している。その采女もまた、父親が加藤家の断絶により浪人となって上方へ行く途中、寺に預けられていたところを参詣した勝茂が目にとめ、召し出した者であった。勝茂の御側に仕え、小姓で進物役をつとめ、病中は薬役も兼ねた。勝茂の逝去に際し、追腹の餞別として下賜された浴衣を着て、大毛氈の上で主君のあとを追ったという。なお中野杢之助には池田与三兵衛、鍋島采女には溝田南右衛門が「又追腹」を切っ

鍋島勝茂殉死者供養塔（高伝寺、筆者撮影）

鍋島家菩提寺の高伝寺には、初代藩主鍋島勝茂殉死者の供養塔が建っている。中野杢之助、鍋島采女などの名がみえる。

た。主君に殉死した者を追って殉死する行為である。

その他、勝茂に殉じた者を何人かあげよう。大薗七兵衛は、藩祖鍋島直茂（日峯）へ殉死した者の次男で、勝茂の御側に仕えていた。下村友巴の門人で絵師だった。石尾又兵衛は、鍋島直茂の後室（陽泰院）に殉死した三位局の孫で、勝茂の一周忌に国元で腹を切っている。祖母と孫がそれぞれの主君に殉死しているのである。また後者の例から、殉死は主君の逝去直後とは限らないことがわかる。福井甚兵衛は、「追腹」を切る約束をしていた父親が、主君に先立って死去したため、父の遺命を受けて殉死した。土屋三五左衛門の殉死も、兼ねてからの親の言葉に従った結果である。斎藤権右衛門は喧嘩で相手を斬り殺したとき、切腹になるところ、勝茂が命を助けたため、その恩に報いようと国元で「追腹」を切った。大野千兵衛は、兄が衆道の意趣で決闘したとき、助太刀禁止の命を破って兄を助けた人物で、勝茂がそれを許して御側で仕えさせたため、その恩を感じてあとを追ったという。大島外記は、大きな猪を一太刀で仕留めた腕をほめられ、勝茂から銀子を下賜された際に「追腹」の覚悟を決めたらしい。

次に勝茂の子、鍋島忠直（興国院）の殉死についてみたい。忠直は江戸で疱瘡のため、一六三五（寛永一二）年正月二八日、二三歳の短い生涯を終えた。「追腹」を切ったのは五人だった。綾部弥左衛門はかつて怪我をした際、母親が忠直の母陽泰院へ血止めの薬を所望したところ、それを聞いた忠直が、綾部玄蕃の子なら刃傷事件に関係しているのだろうが、自分の耳には入れないようにとの言葉があったと聞いて、「追腹」の覚悟を決めたという。江副金兵衛は忠直の遺骨を高野山へ納め、庵室を結んで御影を刻み、御前に自分一人がかしずいている自影も作り、一周忌に帰国して殉死したという。主君と自分との関係を形に残しておきたい、という気持ちがあったのだろう。忠直に御側役を仰せつけられた林形左衛門は、奉公する前に忠直が死去したにもかかわらず、家中数百人から選ばれた名誉は身に余るとして、「追腹」を切った。木下長右衛門は、主君が死去する前に「先腹」を切っている。忠直の御側役をつとめ、忠直と同い年であったことから、重病の忠直の身代わりになろうとして、御前で切腹したという。長右衛門には相続する男子がいなかったので、母親へ茶湯料が毎年与えられ、その死後は親類に跡式の相続が許されている。

殉死は女性に対しても行われた。藩祖直茂の後室（陽泰院）には、八人が殉死している。そのうち四人は女性で、いずれも陽泰院に奉公していた者である。その一人、三位局は石川右馬允の妻で、孫の石尾又兵衛も勝茂に「追腹」を切っている。馬渡兄弟の母は堤氏の女で、兼ねてから「追腹」の約束をしており、正月一一日に殉死したという。辻惣右衛門の母は、陽泰院の老女をつとめており、陽泰院から拝領した長刀と直書が、子孫に伝わっているという。なお、母親が殉死した内田内膳は、知行取りだったが不調法により浪人し、子孫に至って帰参を認められている。

勝茂の娘で、一八歳のとき上杉家に嫁いだ於市（伝高院）に殉じたのは六人で、そのうち四人は二組の夫婦だった。於市は三〇歳のとき江戸で亡くなり、浅草宝蔵院に葬られた。勝屋采女（七二歳）とその妻（六九歳）は夫婦で於市に付けられ、二人で殉死した。これを聞いた勝茂は、遠国で夫婦とも「追腹」をしたのは神妙であるとして、倅の蔵人へ感状を与えている。藤井兵右衛門夫婦も於市に付けられ、上杉家で殉死した。於市の御付頭をつとめていた江里口九郎右衛門、さらに於市に付けられていた妹（あるいは娘）の於六も、あとを追った。

以上の分析から、殉死者には御側に仕えていた者、あるいは主君に命を助けられたり、主君から直接ほめられたりしたという、主君への特別な恩義がある者が多く、中には主君のあとを追うのではなく、その身代わりとして先立つ家臣もみられた。また単独で殉死する場合もあれば、同じ主君に仕えていた夫婦で行う場合もあり、さらに主君に殉死した者を主人にもつ奉公人などが後を追いかける「又追腹」も行われていた。「追腹」を切れなかった父親の遺命を継いで、殉死した者もいた。

『明良洪範《めいりょうこうはん》』では殉死を、忠義による義腹、周囲への体面のために行う論腹、子孫の利益を考えた商腹の三つに分類している。しかし、右の事例をみると、人生をともにしたいという主君との一体感から、殉死をした者が少なからずいたと言える。

殉死禁令と殉死者を媒介とした過去の記憶

殉死者にはそれぞれ、主君に対する個人的思い入れがあったのだろうし、主君としても、家臣があの世まで自分を慕ってくれることに、喜びを感じることもあっただろう。しかし、その反面、忠義の家臣が自分の跡継ぎを補佐して、家が存続していける体制を作っておくことも、大名の重要な仕事であった。国政を考えれば、殉死を禁止する方向に向かうのは、不思議ではない。

佐賀藩では一六六一（寛文元）年、二代藩主鍋島光茂が殉死を禁止した。先にあげた『葉隠』の山本常朝は、光茂にお側仕えをしていた。彼は光茂のあとを追うことができないつらさを抱えて、出家している。一六六三（寛文三）年、幕府も殉死を禁止し、武家諸法度の公布とともに口頭で諸大名に伝達している。殉死の意思を持っている家臣には、主人が日頃から言い聞かせ、殉死者がでた場合には死んだ主人のみならず、押しとどめなかった跡継ぎも不届きとする、という内容だった。一六六八（寛文八）年、宇都宮藩では藩主奥平忠昌の死去にともない家臣が殉死したために、殉死禁令に違反したとして忠昌の長男昌能が、一一万石の知行高を二万石減封され、出羽山形へ移封された。家臣が主君のあとを追うのは、主君と家臣の個人的・情誼的関係の表現である。しかし、主君に対する忠義心の結果であったとしても、殉死は政治的・公的な場において、主君の家を滅ぼしかねない事柄として、位置づけられることになったのである。主君を思い、その家を思うのであれば、家臣としてはもはや殉死はできない。

そこで、殉死に代わって行われたのが、剃髪・出家である。盛岡藩では三代藩主南部重直の死去の際に、家臣の一人が親子で出家し、主君の菩提を弔っている（ただし一年後に殉死をした者があり、新藩主はその子に家督相続を認めている）。一七〇二（元禄一五）年、隠居していた四代藩主南部重信が死去した際には、剃髪して隠居する者が一〇数人に及んだ。彼らは藩政に復帰せず子孫が家督を相続している。その後、盛岡藩では、殉死に代わる剃髪は願い出て許可された者に限るようになっていく。なお仙台藩でも殉死に代わって剃髪がみられるが、剃髪した一年後に藩政に復帰するもので、亡君への哀悼の意を表する性格が強い(2)。

こうして、殉死は一七世紀後半以降、公式にはみられなくなった。しかし、主君の死が回忌法要ごとに想起されるのとともに、殉死者の死もまた想起されることになり、殉死の記憶はそれぞれの子孫に伝えられた。歴戦の士を先祖にもつ家が、その由緒を誇るのと同じく、主君の死に殉じた先祖をもつ家もまた、その歴史を誇りに思うようになる。

佐賀藩には竜造寺隆信・政家、ついで藩祖鍋島直茂に仕えた堤雅楽という人物がいた。直茂は自身の臨終にあたり、日頃から「追腹」を切ると言っていた雅楽に対して、息子勝茂の近習には老巧の士がいないので、勝茂を支えるようにと言い残した。そこで雅楽は直茂死去後、やむなく法体となり何雲道と号した。翌一六一九（元和五）年六月三日、直茂の一周忌に再び愁訴し、存念を聞いた勝茂は感じ入って殉死を認めた。一方、堤雅楽の父、貞元は、竜造寺家門の娘を室に迎え、一五八四（天正一二）年三月二四日、竜造寺隆信とともに島原で戦死した人物だった。つまり、堤家は竜造寺家と鍋島家双方に戦死・殉死した先祖をもっていたのである。

竜造寺氏と鍋島氏は微妙な関係にあった。竜造寺隆信の母が鍋島清房に再嫁したため、清房の子鍋島直茂と隆信は義兄弟になる。一五八四（天正一二）年、隆信が島原合戦で戦死すると、隆信の子政家は直茂に領国統治を委任した。鍋島氏は関ヶ原の戦いで西軍に属したが、柳川の立花宗茂を討ってその地位を保ち、一六〇七（慶長一二）年に竜造寺家が断絶したのをきっかけに、直茂の子、勝茂が家督を継いで鍋島佐賀藩が成立した。堤家の歴史にはそのような主家の歴史の一コマがみえる。

堤家歴代の当主は、竜造寺隆信と直茂の二人の回忌のたびに、歴代藩主へ拝謁することになる。竜造寺隆信の百回忌、百五十回忌、二百回忌、二百五十年祭に、子孫が宗竜寺で藩主にそれぞれ拝謁している。一八八四（明治一七）年三月には、松原社で隆信公三百年祭が行われ、鍋島直大の館で酒を賜っている。また直茂については五十回忌、百回忌、百五十回忌、二百年祭、二百五十年祭に城へ召し出され、弔い料・茶湯料として白銀三枚が下賜されている。直茂（日峯）は一七七七（安永六）年に大明神号を与えられ、一八一八

（文政元）年六月三日には「日峯大明神」二百年祭、一八六七（慶応三）年六月には二百五十年祭が行われ、やはり白銀三枚を子孫が拝領している(3)。

堤家の子孫は二〇〇年後、二五〇年後に至るまで、主家から特別な待遇を受けていた。このようなことになろうとは、殉死者本人は予想していなかっただろう。また、家の当主が浪人している場合、これらの回忌法要を利用して召し直し・召し抱えを嘆願した。殉死は子孫にとって異なる意味をもつようになっていったのである。殉死は禁止されたが、その死は名誉の死として繰り返し想起され、その記憶は主従関係と家の由緒の歴史の中に刻印され、明治時代に受け継がれていったのである。

三　仇討ち

賞賛される仇討ち

江戸時代の仇討ちと聞いて一般に思い浮かべるのは、赤穂浪士による吉良邸討入り、いわゆる「忠臣蔵」だろう。一七〇一（元禄一四）年三月一四日、勅使饗応役を仰せつかった赤穂藩主浅野《あさの》内匠頭長矩《たくみのかみながのり》が、江戸城松の廊下で高家吉良《きら》上野介義央《こうずけのすけよしなか》に切りつけ、切腹・改易を言い渡された。翌年一二月一四日、赤穂浪士四七人が吉良邸に討ち入り、上野介義央《よしひさ》の首をとって泉岳寺にある主君の墓前に供え、大目付に出頭したのである。

外面的な行動としては、内匠頭が一方的に上野介に切りつけただけで、上野介が手向かいしていないことから、この刃傷事件は喧嘩両成敗法が適用される「当座の喧嘩」とはみなされなかった。また、内匠頭は意趣遺恨から刃傷に及んだと考えられたものの、その具体的内容は当時から不明であった。そこで幕府は、上野介をお構いなしと判断し、吉良家の家督相続も認めた。

上野介が内匠頭に切りつけ、それが原因で内匠頭が死亡したにもかかわらず、上野介が生きているのであれば、それは家臣にとって主君の仇であると言えよう。しかし、切りつけたのは内匠頭であり、切腹を命じたのは幕府であった。現代的な感覚からすれば、浪士たちの討入りは武装勢力の徒党行為ともとれる。近世の儒者たちが、討入りは主君の仇討ちと言えるのかどうかをめぐり、さまざまな見解を述べていることからしても、吉良邸討入りは、近世の一般的な仇討ちの範疇に入らない事件といえよう。

それでは仇討ちは江戸時代、どのように規定されていたのだろうか。仇討ちに関する法令としては、京都所司代の板倉氏が幕初の段階で定めたと言われる「板倉政要」がある。ここには、親の敵を討つことを先例により認めるが、禁裏やその近隣の神社仏閣などは避けること、殺人を敵討と偽称する者は、辻斬りや強盗に準じて死罪とすることなどが定められている。

幕府は仇討ちを希望する者が江戸町奉行へ届け出て、「敵討言上帳《かたきうちごんじょうちょう》」に登録する制度を作った。帳面には、仇討ちをしようとする者の氏名、殺害された者の氏名・身分と人間関係、敵の氏名、仇討ちの原因となった刃傷事件に関する情報が記載されている。この登録制度は慶安期ごろ始まったのではないかと推測される。遅くとも寛文期、すなわち一六六〇年代には、仇討ちの登録は一般的になっていた。登録は義務ではなく、相手を討ち留めてから、仇討ちである旨を届けてもよかったが、その場合、仇討ちかどうかを認定するのに時間がかかった。社会的規範として仇討ちの正当性が共有されていたためか、八代将軍徳川吉宗が編纂を命じた「公事方御定書」には、仇討ちを認める条文は定められていない。

仇討ちを事前に幕府へ届け出た例をあげよう。一八三四（天保五）年二月、酒井雅楽頭の家臣山本三右衛門の娘りよ（二三歳）、息子山本宇平（二〇歳）、弟山本九郎右衛門（四五歳）は、幕府へ仇討ちを申請した。届けによると、前年一二月二六日の朝、宿直していた三右衛門は小使いの亀蔵が持ってきた、にせ手紙に目を通している途中、背後から切りつけられ、追いかけるが逃げられてしまい、自身は深手を負って死亡したという。三人はどこまでも亀蔵の行方を追って、父兄の仇を討ちたいと願書を提出したという。酒井雅楽頭はこの申請を受けて、幕府帳面への登録を願い出た。

仇討ちの願いが受理されて、彼らは藩から手当を支給された。三右衛門と懇意の者で亀蔵の顔を知っている文吉が、一行と行動を共にすることになった。りよは江戸とその周辺を、ほかの三人は関東北部から北陸、近畿、四国を探索した。宇平と文吉は九州をまわってから、中国地方を経て大坂に着いた。亀蔵が江戸にいるという風聞を聞きつけ、居所がつかめない宇平をのぞく三人は江戸に集合する。身柄を確保された亀蔵は三人の前で事件を白状し、りよが肩先と腹に切り付け、留めは九郎右衛門がさした。一件は神田橋外の辻番に届けられ、亀蔵の身元が確認され、酒井雅楽頭は仇討ちの成功を幕府老中に届けでた。

幕府はりよに白銀五枚、白ちりめん二疋を下賜した。酒井家はりよに、一五人扶持・銀二〇疋・白ちりめん二〇巻を与え、家名相続を認めた。酒井家の家老からも布や銀・米が下賜された。助太刀の九郎右衛門は三〇石加増され、銀五枚を与えられた。さらに文吉は、三人扶持と五両を与えられ、小役人格に取り立てられたという。宇平は伊勢で病死したため、宇平に下賜されるはずだった刀一腰が、九郎右衛門に与えられた。幕府も藩もこぞって、彼らの仇討ちを名誉の行動として称賛したのである。

りよの仇討ちはかわら版一〇数種類に刷られたほか、一八三五（天保六）年七月には「娘敵討　きやうくんいろはうた上・下」が出版された。原文はすべてひらがなで書かれており、誰でも読めるようになっている。漢字仮名交じり文に直して、いくつか紹介しよう。

「【つ】常々に心にかけて国々を、ただ一心に敵尋ねる」や「【の】野にも臥し、山にも臥して、憂き苦労、これも親への孝行と知れ」には、敵討成功までの諸国遍歴の苦労が詠まれている。「【ゐ】行く先は高野の山と思えども、女人堂より先へ行かれぬ」は、当時の女人禁制の様子を表現している。高野山は追われている人間が逃げ込む、一種のアジールであった。しかし、高野山や比叡山などの霊山は女人禁制が一般的であり、女性の立ち入りを禁止する女人結界の場所が定められ、そこに女人堂が設けられた。そこで女性のりよが、女人堂より先の高野山境内に入れないことをうたったのである。「【を】おなごにも習わせおけよ武術をば、まさかの時の用に立つなり」には、東蝦夷地に異国船が侵入し、各地で百姓一揆や打ちこわしが起こり、武術を習う百姓も増えていた天保期の時代状況が表現されている。「【あ】浅草の観音様へ月参り、どうぞ敵にめぐり会いたい」には神仏の加護が述べられている。浅草寺は幕府から五〇〇の寺領と一一万四〇〇〇坪あまりの境内地を与えられて江戸時代に発展した寺で、浅草観音は江戸の名所の一つであった。

この「教訓いろはうた」は、「【せ】世の中に悪を巧むな、善をせよ、悪を好めばかくの如くよ」にみられるような勧善懲悪の考え方をもとに、親孝行物語として娘による父の仇討ちを喧伝したのである。(4)

神仏の加護による親孝行

仇討ちが起きるのは、殺人犯が行方不明である場合だけではない。殺人事件が発生したにもかかわらず、なんらかの理由で公に届け出なかったことを原因とする場合もある。現代でも、殺人犯に正当な処罰が下されることを遺族は求めるものであり、その心情は江戸時代でも同じだっただろう。

当時、殺人は死罪であったから、加害者が遺族へ何らかの補償をする代わりに、事件を公式に届け出ないように画策することがあった。とくに同じ村に住む百姓が、「当座の喧嘩口論」など偶発的に起きた争いで傷を負い、その傷が原因でのちに死亡した場合、残された妻子が村役人などに説得されて、死亡を届け出ないことがあった。あるいは殺害者が死罪にならないように、事件をカモフラージュして事故として届け出る場合もあった。

一八二〇（文政三）年、武州国高麗郡太田ヶ谷村で、百姓喜左衛門の女房ちかが父親の仇討ちをしたのは、そのような事情を背景としている。事は一〇年前、ちかが九歳の時にさかのぼる。彼女の父平左衛門は酒に酔っていた同じ村の留三郎に傷を負わされ、検使が傷を確認したあと死亡した。本来なら、傷害致死事件として届け出るべきところ、村役人はそれをせず留三郎は姿を消した。その後、村にまで出入りするようになった留三郎を間近に見て、ちかが父の仇を討ったのである。この仇討ちを知った老中大久保加賀守は、百姓女房として奇特であると評価し、地頭の丸毛一学へ褒美を与えるように命じた。『新編《しんぺん》武蔵国《むさしのくに》風土記《ふどき》稿《こう》』にはちかの仇討ちが記載され、地域の中で記憶され語り継がれていった。

また武士身分については、家の不名誉になるような形で殺害されたことが発覚した場合、家督相続ができなくなるおそれがあるため、被害者の方が内々で事件を処理することもあった。一八三六（天保七）年七月、神田山本町弥七店の大工庄兵衛の倅庄之助が、殺される事件が起きた。浪人体の者が「自分は元服部一郎右衛門組御徒の森定十郎の養子、森金十郎で親の仇討ちをした」と町内の自身番に出頭したため、町は検使を願い出た。神田山本町代地の月行事をつとめる、茂兵衛の届け出によれば、浪人体の者が刀で肩に二太刀切りつけ、さらに片手の手首を切り落とし、脇腹へも斬りつけたため、相手は即死した、とある。前年、庄之助が下谷広小路三枚橋で、森定十郎を殺害した一件がその原因であった。史料によれば、表立って事件を扱うと家の存続にもかかわるので、内々にて一件を処理したところ、噂になって森金十郎は暇を言い渡されたという。

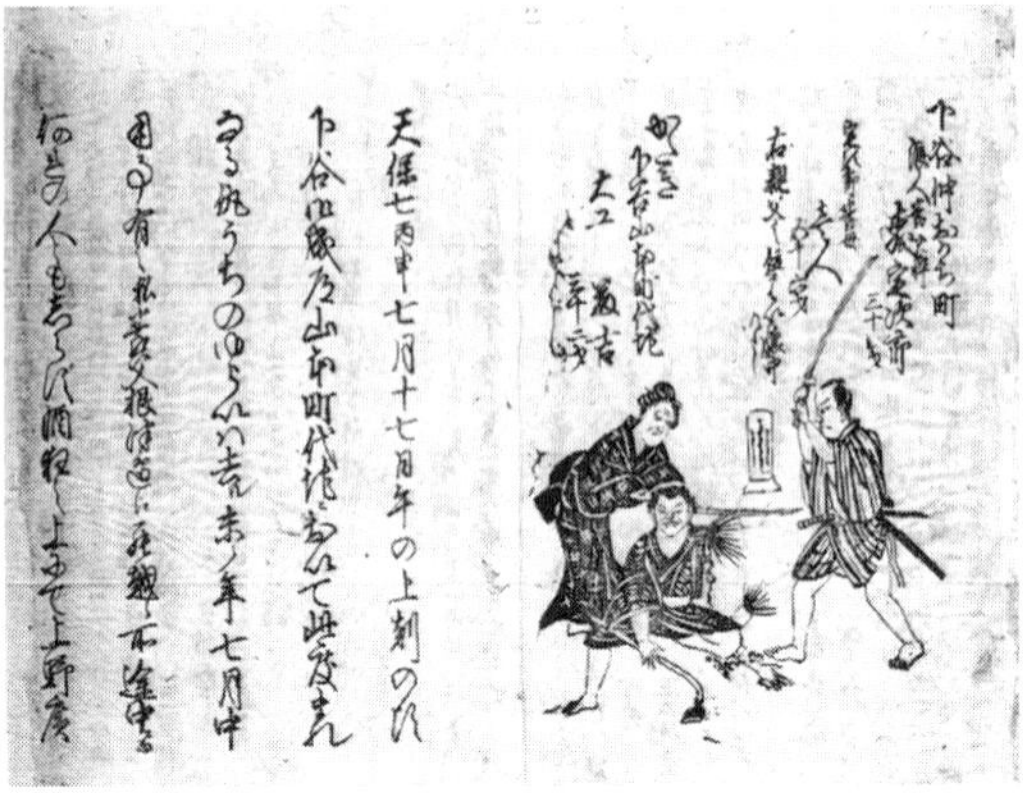

かわら版：森金十郎の仇討ち（『内閣文庫所蔵史籍叢刊 文政雑記・天保雑記（一）』第32巻（汲古書院、1983年）、648頁より転載）

かわら版の一枚刷りがすぐに刷られ、この一件は世間に広まった。それが上図の「かわら版：森金十郎の仇討ち」である。かわら版では、金十郎が定次郎に、庄之助が藤吉に名前が変わっているだけではなく、懐中に位牌を抱いた養母が腕を切り落としたことになっている。また、事件を内々に処理した森家にも責任があることについては言及されていない。かわら版作成者がその情報を手に入れていなかったか、あるいは仇討ちの勇ましい場面だけを描きたかったのか、どちらかだろう。実際には仇討ちに登場しない母親が、二の腕を切り落としたことになっているところからみると、親子による仇討ち事件に脚色することで、注目を集めようとしたのではないかと考えられる。

実際の仇討ちの状況をそのまま伝えるというより、人々の気を引くための誇張をしたり、神仏の加護を強調したりする側面がみえるのは、次の事例でも同様である。熊本で嘉平次を討った平左衛門の仇討ちは、

「肥後国辺田村　清正公利生仇討」という表題でかわら版になった。倅の平左衛門が何とか父の敵を討ちたいと加藤清正に祈ったところ、「敵嘉平次は遠国に逃げ去ったが、汝が親孝行の切なるゆえ、肥前肥後の二ヶ国に引き寄せた。正月一五日に本意をとげさせよう」とのお告げがあり、その通り正月一五日に益城郡下横辺田村で敵を討ち留められたのは、清正公の御利益である、と神の恩恵がうたわれている。

生き続ける仇討ち是認の観念

仇討ちは黄表紙や芝居などの影響もあり、近世後期には武士のほか百姓や町人も行っていた。ほとんどは親のために仇を討つもので、幕藩権力が推進していた孝行の具体的実践として褒賞の対象になった。仇討ちに成功した人は社会から賞賛され、名誉を受けた。その記憶はかわら版をはじめ、物語として改変され、メディアを通じて広く伝えられた。そこには、親の敵の行方を追って全国を放浪する主人公が描かれており、親孝行物語としてだけではなく、全国の名所旧跡などを案内する側面もみられる。また地誌などに記載されて、地域の歴史の一角を形成することにもなった。

人形浄瑠璃や歌舞伎などでは、仇討物・敵討物と言われるジャンルも生まれた。とりわけ、三大仇討ちと言われる曾我兄弟の仇討ち、赤穂浪士の吉良邸討入り、伊賀上野の敵討にまつわる演目が次々と上演され、曾我物、忠臣蔵物、伊賀越物と呼ばれた。曾我兄弟が親の敵、工藤祐経に仇討ちをしたのは一一九三（建久四）年だが、江戸では一六七五（延宝三）年山村座で「勝時誉曾我」が上演され、初代市川団十郎は一六九七（元禄一〇）年、中村座で自作自演の「兵根元曾我」を演じて大当たりを取った。江戸三座では享保期頃から、曾我物で正月を明けるようになっている。一六三四（寛永一一）年に伊賀上野で起きた仇討ちは、一七七六（安永五）年に奈河亀輔《ながわかめすけ》作『伊賀越乗掛合羽《いがごえのりかけがっぱ》』、一七八三（天明三）年に近松半二《ちかまつはんじ》ほか作『伊賀越道中双六《いがごえどうちゅうすごろく》』などが芝居にかけられている。赤穂事件については、吉良邸討入りから四七年目に『仮名手本忠臣蔵《かなでほんちゅうしんぐら》』が大当たりして以来、さまざまな忠臣蔵関係の演目が上演されている。一六〇九（慶長一四）年に、大坂天下茶屋で父と兄の仇を討った事件を、奈河亀輔が歌舞伎『敵討天下茶屋聚《かたきうちてんがちゃやむら》』に脚色したのは、一七八一（天明元）年のことである。実際の仇討ちよりもずっとあとになって、人形浄瑠璃や歌舞伎でさまざまに改変されて芝居にかけられ、これらの事件は人々の記憶に残ることになった。仇討ちをよしとする観念は、身分を超えて共有された。

明治初年に起きた一〇数件の仇討ちも士族と農民が行っており、一件以外はすべて祖父母・父母・兄・叔父の復讐である。仇討ちを是認する観念が社会に深く根づいていたため、その禁止は容易なことではなかった。一八七〇（明治三）年三月、胆沢県（岩手県の一部）の百姓兄弟が父の敵討をして自首した一件で、県官は人倫の鏡と賞賛し、政府に賞典を上申している。翌年の「新律綱領」闘殴律父祖被殴条では、申告せずに祖父母・父母の仇討ちをした場合のみ、笞五〇としたが、司法卿の江藤新平は、復讐は心情的には理解できるものの「私義を以て司法の公権を犯す」行為であるとの見解を示した。一八七三（明治六）年の太政官布告三七号では、父祖が殺害された際、届け出なしに復讐した者は「臨時奏請」して処分を決定するとしている。同年六月、「改定律例」の父祖被殴条例では、まだ即座の仇討ちを認めていた。改定律例時代最後の仇討ちをした臼井六郎は、禁獄終身刑を言い渡されている。仇討ちを全面的に禁止したのは、一八八〇（明治一三）年の旧刑法である。(5)

四　心中

頻発する心中事件と心中物の流行

心中が流行したのは、一七世紀末から一八世紀初頭にかけて、元禄文化が花開いた頃であった。尾張藩の下級武士、朝日文左衛門が三〇数年にわたってつづった日記『鸚鵡《おうむ》籠中記《ろうちゅうき》』には、心中事件が数多く書き留められている。(6) たとえば、一六九二（元禄五）年、町人の下僕が傍輩の女を妊娠させ、主人の妻に非難されたことから心中した事件では、二人は主人の家の裏手にある樹木に仏名をかけ、数珠を添え、抹香をたき、死に装束に身を包んでいた。一七一〇（宝永七）年に起きた心中では、仰向けで腹を刺されていた三〇歳あまりの女は、綸子の上に絹を着て上等な帯をしめており、男は自分の臍のあたりと腹を突き、女の腹の上に腰掛け、顔と顔を合わせて死んでいたという。また武士の子が惣嫁を刺して自害した心中では、男女で浅黄絹の一重帯、絹の下帯とさらし木綿の袷など、いずれも新しいものを身につけていた。池に飛び込んで心中した青物売りの子と下女の心中では、二人とも絹の衣服を身にまとい、下帯で二人の体をくくっていたという。

ちなみに、一七〇二（元禄一五）年から一年半ほどの間に、京都町奉行の帳面に記録された心中の男女が、およそ九〇〇人にのぼったとも書かれている。平均すれば一年で六〇〇人、一組の男女と考えても、年に三〇〇件の心中が起きていた計算になる。未遂に終わった事件が含まれているとしても、数字としては多すぎる感が否めないが、心中事件が多発していたことは確かだろう。
心中は人形浄瑠璃や歌舞伎で取り上げられるようになった。一六八三（天和三）年、大坂生玉で起きた遊女市之丞と呉服屋の長右衛門の心中事件が、大坂で歌舞伎に取り上げられたのが嚆矢だと言われている。一七〇六（宝永三）年四月一日、京都の鳥辺山にある妙伝寺の隣の墓所で、名古屋伊倉町貴道平兵衛の子源助が、一緒に駆け落ちした美濃国加納の医者の娘もんを刺し殺し、自殺しようとしたところを見つけられた事件は、絵双紙二枚にされ、大坂では岩井半四郎座で芝居にされ大当たりをとったという。また一七〇七（宝永四）年、山城国の正意という一向宗の美僧が、同じ村の姉妹を妊娠させ、三人で差し違えて死んだ事件も狂言になった。一七一〇（宝永七）年正月六日、油屋の丁稚でまだ前髪姿の久松が、主人の娘そめと主人の油細工所で心中した事件は、同年、歌舞伎『心中鬼門角』や浄瑠璃『袂の白しぼり』で演じられた。いわゆる「お染久松もの」である。

浮世絵：霜剣曾根崎心中（早稲田大学演劇博物館所蔵、006-2728）
一八四九（嘉永二）年、江戸の河原崎座で上演された「霜剣曾根崎心中」の役者絵である。三代目歌川豊国作。徳兵衛は市川団十郎、お初は尾上菊次郎という配役だった。

大坂では元禄時代に竹本座と豊竹座が競い合って、人形浄瑠璃の最盛期を迎えており、心中は格好の題材だった。竹本座の近松門左衛門《ちかまつもんざえもん》は、一七〇三（元禄一六）年に人形浄瑠璃『曾根崎心中』を上演した。これは同年四月、大坂堂島新地天満屋の女郎はつと、醤油商平野屋手代の徳兵衛が、西成郡曾根崎村の森で心中した事件を題材にしている。浄瑠璃では、叔父が無断ですすめた結婚話を断った徳兵衛が、返金された結納金を友人にだまし取られて商人の信用を失い、二人で心中する趣向になっている（右頁「浮世絵：霜剣《しものつるぎ》曾根崎心中《そねざきしんじゅう》」参照）。近松はほかにも『心中重井筒』（一七〇七年）、『心中万年草』（一七〇八年）、『心中刃は氷の朔日』（一七〇九年）、『心中宵庚申』（一七二二年）などの心中物を手がけた。一七二〇（享保五）年初演の『心中天網島《しんじゅうてんのあみじま》』は代表作のひとつである。これも同年に起きた紙屋治兵衛と遊女小春の心中事件を脚色した作品で、二人の子と女房がありながら、小春との関係を断つことができなかった治兵衛が、網島の大長寺で心中する話である。

竹本座に対抗する豊竹座では、一七〇七（宝永四）年に紀海音《きのかいおん》を座付作者として迎えた。紀海音は父が大坂の老舗菓子商人でありながら俳人としても活躍し、兄は狂歌師、叔父も俳人という環境の中で育った人物で、『難波橋心中』『梅田心中』ほか多くの作品を書いた。一七二二（享保七）年には、大坂で起きた八百屋の半兵衛とお千代の夫婦心中を脚色した『心中二ツ腹帯』を書いたが、これは同年の近松作品、『心中宵庚申』と競演になった。

しかし、実際の心中は、脚色された物語の美しさとは違っていた。そこで『鸚鵡籠中記』に記載されている、一六九〇（元禄三）年から一七一七（享保二）年までに起きた心中事件の実態を分析してみたい。

死への旅立ちと不名誉な愛のゆくえ

心中の多くは、いわゆる不義密通の関係にあった男女だった。両者が合意の上で心中した場合もあるが、いわゆる無理心中の場合もあった。

一六九〇（元禄三）年、畑で中間と女が心中していた事件では、密通を知った女の母親が、近日中に女の夫が江戸から帰ってくるため意見したのが原因だったという。一七〇四（元禄一七）年には、駕籠かきが、夫も子供もいる密通相手の女を切り殺した上、自分も腹を切り、鳩尾を突いたものの死にきれず、その夜になって息を引き取っている。一七〇五（宝永二）年には、夫の留守中、密通して妊娠させた女を密通相手の盲人が刺し殺し、自死する事件が起きている。一七〇六（宝永三）年、妹夫婦と同居していた浪人は、親類に反対されて、つきあっていた女に暇を出したが、女はよそへ嫁いだあとも出入りしたため、浪人が女を切り殺して自殺した。

ときには密通により心中した男女が、磔にされたことすらある。一六九〇（元禄三）年三月二六日、本願寺坊主の子が、檜物屋の女房と密通したことが露見して、この女を刺し殺し自殺した事件では、二人の塩漬け遺体が磔にされている。中世から、妻と相手の男性を夫がともに殺害する「妻敵討」が認められていたことを考慮すれば、坊主の女犯と密通という二つの犯罪により磔になったとはいえ、密通そのものが厳罰の対象であったことに違いはない。

「不義」もまた、当時の社会の観念にかかわる。独身の男女であれば両親や親類の許可、奉公人同士であれば主人の許可を得る必要があった。親や主人の許可を得ない恋愛関係は、たとえ双方が独身であっても「不義」とみなされたのである。

したがって、社会に認知されない独身の男女が、心中をはかったこともうなずける。一七一四（正徳四）年、男が父親宅で奉公していた女の首を切り、自身は喉を突いて自害した事件では、母親が気に入らず女に暇を出して別れさせられたことが、心中の原因だったという。一七一六（正徳六）年、かつて奉公先が一緒だった男女が心中した事件では、女は往還ぎわで殺され、その側には男の脇差や鼻紙袋などが置かれ、男はそばの森の木に女の腰帯を結びつけ、首をくくって死んでいた。一七一七（享保二）年、百姓の下人は後家で惣嫁の女と契りを交わしたものの、主人と親類から反対されて女の首を半分切り、腹を突いて即死させた。自身は腹を切ってのどをつき、検使に詳細を話してから死んだ。

やや時代は下るが、一七四〇（元文五）年、いとことの縁談が決まっていた百姓の娘が、いとこと同じ村の男と密会しているところを村人に目撃されて「不義」が発覚したため、父親は婚約相手に申し訳が立たないとして、娘と相手の男を殺し、無罪を言い渡されている。縁談が決まっている娘と「不義」をした男を、娘の親が殺しても「お構いなし」というのである。「公事方御定書」第四九条の条文は、この判例にもとづいて定められた(7)。

心中した当事者からみれば、社会からの認知を得られず、この世で添い遂げられないのであれば、心中という選択をするのも一つの方法だろう。しかし、覚悟の上とはいえ、死ぬのは容易ではない。一六九六（元禄九）年、枕元に脇差、銭二〇〇文、鼻紙袋を置いて女を刺し殺し、自身も自害した心中事件で、下僕は日が暮れてから息が絶えたとも、あるいは死ねずにいたところを主人が切ったとも言われたようである。少なくとも主人は下僕が生きたまま恥をさらさずにすむよう、死んでから心中を届け出ている。また一七一五（正徳五）年、若党が他家の召し使いの女を刺し殺し、自分も喉を突いたが死にきれず、いとこに引き取られて死んだ事件では、そこで息の根を止められたようである。

また不義密通の関係は、本人のみならず家の不名誉となったため、心中を乱心として処理することもあった。たとえば一七〇九（宝永六）年、手代が妻の密通を知って一人鬱々としたあげく、妻を実家に返した上、母親に事情を書き置きして自害した一件では、密通相手も母親の墓の前で自害し、二人とも乱心ということで処理されている。どちらも自殺であることは検死でわかっても、なぜ自殺をしたか原因が特定できなければ「乱心」ということで処理されるから、手代の母親が遺書の内容を届け出なかったのだろう。一六九五(元禄八)年、結婚が決まっていた武士の妹が、召し使いの下僕と差し違えて心中した一件では、外聞が悪いので「頓死」として処理したという。武士の場合は、町人などと異なり、当主の支配頭に届ける仕組みになっており、家の管理責任者として、当主としての権限と義務は庶民より重かった。逆に言えば、このような届け出も可能だったことになる。

一方、心中にみせかけた殺人事件が起きる可能性があることも、否定できない。変死事件が起きたとき、検死役人が派遣されて、死因の特定などを行うのは、一七世紀も後半になってからのことである。検死役人は遺体についた傷の長さ、深さ、形状などを書き留めるほか、日頃の行跡や人間関係についての情報を収集し、書き置きなど心中とみなされるための証拠があるかどうか、二人の体が離れないように帯などでしばられていたり、その場で男女が一緒に死んだことが確実かどうかなど、現場検証で念入りに吟味している。

このような体制は、幕末でも変わらなかった。一八六七(慶応三)年七月に延岡藩領内で起きた清弥とたよの心中事件では、検使出役御免願は却下されている。焼酎が入った竹筒のそばで、二人が負傷して苦しんでいるのが発見され、治療の甲斐なく死亡した事件で、「双方共意趣遺恨等」がない旨を明記して、親類や組合頭は連名で検使出役御免の口上書を提出した。しかし、変死として御免願は却下され、御徒目付と代官の出役が命じられた。

延岡藩の「検使心得書」には、遺書があったり相対死の証拠があればよいが、たとえ男女が同時に同じ所で死亡していても、ほかの場所で殺して心中のようにみせかけることも考えられるので、証拠がなければ簡単に「相対」と判断できない、とみえる。相対死に偽装した殺人事件を防ぐため、死骸改めが行われたことがわかる。(8) この一件は、村内の噂によると密通の末の出来事だったという。村としては、心中や密通の不名誉が表沙汰にならないよう内々で事件を処理し、検使が来ないように願を出したわけだが、権力が人々の生死について責任を持ち、それを認めない時代にきていたのである。

辱められる生者、弔われない死者

密通に対して幕府は厳罰に処す姿勢を示しており、「公事方御定書」第四八条「密通御仕置之事」では、密通した妻とその相手の男性はともに「死罪」と規定している。さらに、夫は密通した妻と密通相手を殺害しても、それが証明されれば無罪として妻敵討を認めている。主人の妻との密通の場合、男は引廻されて公衆の面前に姿をさらし、斬首ののち首が獄門台に置かれ、女性は斬首のあと死体がためし斬りにされる「死罪」を宣告された。まさに主人・夫に対する背徳行為として、みせしめにされたわけである。

幕府は一七二三(享保八)年、心中事件を絵双紙や歌舞伎・狂言などの題材にしてはならない、死骸も弔ってはならない、という触を出した。心中が書物や芝居を通じて、社会現象となることを危惧したと考えられる。「公事方御定書」第五〇条「男女申し合い相果て候者の事」によれば、一七四二(寛保二)年に、心中した男女について次の①〜④が決められた。

①不義による心中者の死骸は弔ってはならない。

②一方が存命ならその者は「下手人」(斬首刑)とする。

③双方が存命なら三日間、人前に晒したあと「非人手下」とする。

④主人と下女が心中を図り、主人が存命なら「非人手下」とする。

①で不義による心中者の弔いが禁止されていることは注目される。つまり、社会的に認知されていない関係の男女による心中は、現世における不名誉な死であるとともに、弔いを禁じられるという形で、死後の世界にも及んだといえる。現代では死刑囚であっても死刑執行以前に死亡した場合、その遺体は一般の遺体と同様に扱われる。しかし近世においては死体にも区別があり、その扱いは異なった。肉体的な死は、必ずしも法的な死あるいは社会的な死を意味するわけではなかったのである。

②については、一七四三（寛保三）年、男女が川へ身投げし女は死亡、男は助かった心中未遂事件で、生き残った男は打ち首となり、仮埋葬されていた女は掘り出されて役人村（えた村）に死骸が引き渡された事例がある。なお、これらの箇条が男女だけに適用されたわけではないことを一言しておこう。一七八二（天明二）年、寺院の塔頭の下男が心中に失敗して生き残った事件では、相手は衆道（男色）関係にある男だった。「公事方御定書」には男女の心中に関する規定はあるが、男色関係にある男二人の心中について特別な規定はない。しかし、老中は相対死に男女の区別はないとして「下手人」を言い渡し、二人の遺体は取り捨てにして弔ってはならないと、駿府町奉行へ申し渡した。(9) 心中は男女に限らず、同じ観念で裁かれたのである。

③では心中に失敗して二人とも存命の場合、「非人手下」（身分を非人にする刑）となる前に三日間公衆の面前に晒して、辱めを与えている。心中で死亡した場合にも、死体は晒されている。一七四六（延享三）年に作成された『大坂三郷城代条目《おおさかさんごうじょうだいじょうもく》』に記載された相対死の晒し方によれば、衣類は着用のままとするが、

帯などが目立つ場合は、三尺手ぬぐいや縄などに取り替えること、晒し場所には番の者を置き、往来の者が死骸へ近寄らないように注意すること、とみえる(10)。

「晒す」という行為は近世の他の刑罰にもみられる。鋸引きの刑は、土に埋めた罪人の側にのこぎりを置いておき、往来の者がそれをひくという刑罰だが、慶長期からすでに人々が鋸をひくことはなかった。それでも刑罰として残ったのは、土の上に顔を出した状態で、罪人に道行く人の冷たい視線を浴びせかけること、そして人々に罪の重さを教えることが目的だったからである。獄門は斬首された者の首を人前にさらす刑罰で、本人は死んでいるから、社会への教育が主眼だったと言える。生者にしろ死者にしろ、その肉体が一部でも人前に晒されることは、現世でいかに不名誉な行いをしたかを示していた。

④には、主人と下女の心中事件で主人だけが存命だった場合、「下手人」ではなく「非人手下」とする、とみえ、当時の主従関係に対する考え方が反映されている。

五　おわりに

殉死は主君に殉じた名誉の死であり、丁寧に遺体が埋葬され、ときに主君の隣に墓が建てられ、死者は顕彰された。殉死が禁止されたあとも、主君の回忌法要が営まれるたびに、殉死者の弔いも藩で実施され、先祖からの主従関係と家の由緒の歴史の中にその記憶が刻印された。仇討ちは主に、不当に殺された親兄弟の為に行われ、名誉ある行為として現世で顕彰され、勧善懲悪物語の中で記憶された。心中の多くは、江戸時代において背徳行為とみなされていた不義密通を原因としており、公衆の面前でみせしめにされ、死体は弔うことが認められず、現世でも来世でも辱めを受けた。

殉死・仇討ち・心中は個人のみならず個人が属する家、あるいは主家の名誉にかかわる行為でもあり、個人とその子孫に影響を及ぼす行動でもあった。幕藩権力がこれらの行為に対して下す賞罰のあり方には、近世の権力が奨励しようとした道徳観が表現されているとともに、刑罰には近世の肉体と精神、生と死の考え方も表れている。

現代では肉体的に死が確認されれば、死刑囚でも死刑は執行されないし、火葬されて弔われる。しかし、江戸時代には肉体的死と法律的死は異なる局面と考えられていた。磔にされる重罪犯であれば、牢死したとしても、塩漬け死体を磔にして刑が執行された。それが法律的死であった。また、「死罪」と「下手人」はどちらも死刑だが、前者にはためし斬りが認められており、肉体的な死が確認されたあと、遺体は個人の意思とは関係なく実験台として使われた。さらに、肉体に対する権力の関与は死者の弔いにも及び、死刑執行ののち、遺族が遺体を引き取って葬ることが禁止される場合があった。これは死者を弔うことによって、生者が死を確認する行為が否定されたことを意味する。精神的死という意味では、主君のあとを追えないために、家臣が殉死の代わりに行った剃髪や出家があげられよう。剃髪は主君への哀悼の意を表明する手段であったが、出家は俗世から距離を持って生活するので、その意味で出家者は、通常の社会で暮らす者とは異なった。

近世は個人が死ぬことの社会的効果・影響を考え、死者の弔いの正否まで権力が関与した時代であった。幕藩制国家は生命・財産の保証を自らの責務とする一方で、人々の社会的規律化をすすめ、社会秩序の安寧を保とうとした。現世で精神的・肉体的・法律的に生きていること、死んでいることに関する観念は、江戸時代と現代とでは異なっており、その死生観の一端が殉死・仇討ち・心中に如実に表現されていると言えよう。

(1)『佐賀県近世史料』第一編第二巻(佐賀県立図書館、一九九四年)。
(2)細井計・兼平賢治「『秘記』にみる元禄から寛保年間の盛岡藩(二)――殉死禁止令公布後の盛岡藩主の死にみる主従観の転換」(『東北福祉大学研究紀要』第二九巻、二〇〇五年)。
(3)佐賀県立図書館所蔵鍋島家文庫「堤家文書」所収の「堤家譜覚」「堤家系図」「堤氏系図地書」。
(4)『内閣文庫所蔵史籍叢刊　文政雑記・天保雑記(一)』第三二巻(汲古書院、一九八三年)。以下、仇討ちの事例はいずれも本史料集所収。
(5)谷口眞子執筆担当項目「仇討禁止」(宮地正人ほか編『明治時代史辞典』第一巻、吉川弘文館、二〇一二年)。
(6)名古屋市教育委員会編『名古屋叢書　続編　第九巻　鸚鵡籠中記(一)』(一九六五年)~同編『名古屋叢書　続編　第一二巻　鸚鵡籠中記(四)』(一九六九年)。以下、心中の事例はいずれも本史料所収。
(7)『徳川禁令考　後集第三』所収。以下、「公事方御定書」については『徳川禁令考』参照。
(8)大賀郁夫「近世延岡藩の刑事内済と地域秩序」(『宮崎公立大学人文学部紀要』第一九巻第一号、二〇一二年)。
(9)石井良助編『御仕置例類集』(第三冊)古類集三(名著出版、一九七一年)。
(10)野高宏之「江戸時代中期の大坂東町奉行所当番所史料」(『大阪の歴史』四四、一九九五年)。

参考文献

平松義郎『江戸の罪と罰』(平凡社、一九八八年、のちに平凡社ライブラリーの一冊として二〇一〇年に刊行)
山本博文『殉死の構造』(弘文堂、一九九四年、のちに講談社学術文庫の一冊として二〇〇八年に刊行)

谷口眞子『近世社会と法規範――名誉・身分・実力行使』（吉川弘文館、二〇〇五年）
　　　『武士道考――喧嘩・敵討・無礼討ち』（角川学芸出版、二〇〇七年）
永井義男『江戸の密通――性をめぐる罪と罰』（学研パブリッシング、二〇一〇年）

（付記）本稿は平成二四年度科学研究費補助金・基盤研究（A）（研究代表者・若尾政希）（研究課題番号二三二四二〇四〇）による研究成果の一部である。

第四章　先祖・浄土・成仏

岩田重則

一　はじめに――近世仏教堕落論の再検討

近世社会の形成と政治体制としての幕藩体制の成立は、政治と宗教の関係、聖俗関係において、政治が宗教の上位に立つことを意味していた。それは、宗教のうち特に仏教についていえば、仏教が体制内宗教に位置づけられたことであった。それはいっぽうで、仏教を日本列島津々浦々へ浸透させ、庶民生活の末端レベルにいたるまで仏教を社会化させ顕在化させることになった。

研究史上ではこの近世仏教は近世仏教堕落論として定式化されてきた。辻善之助『日本仏教史　第九巻（近世篇之三）』（一九五四年）第一〇章「江戸時代」の第八節から第一一節までの「仏教の形式化」、『日本仏教史　第一〇巻（近世篇之四）』（一九五五年）の第一七節「仏教の衰微と僧侶の堕落」などが近世仏教堕落論を定式化したとされる。しかし、大桑斉『日本近世の思想と仏教』（一九八九年）、尾藤正英『江戸時代とはなにか』（一九九二年）が近世仏教の再検討を提起し、近年では末木文美士『近世の仏教』（二〇一〇年）が、近世仏教は豊饒な社会文化をひそませていると指摘するなど、近世仏教再検討論も登場してきている。また、近世仏教とその延長線上にある近現代仏教は「葬式仏教」と揶揄されることもあるが、しかし、「葬式仏教」となることによって仏教が庶民生活のすみずみにまで浸透したこともまぎれもない事実であった。

さらにまた、体制内宗教としての近世仏教のなかから、それを規範としていったんは受容しつつも、批判し超えようとする動きもあった。近世社会には、初期のキリシタンを除いても、辻善之助『日本仏教史　第一〇巻（近世篇之四）』の第一六節「排仏論」が整理したように、儒学・国学などからの仏教批判は多い。

そうした他宗教による批判だけではなく、庶民生活レベルでの現実のなかから、近世仏教を批判する動きもある。これら仏教批判からは、それが仏教を基準としているという意味で、近世仏教の可能性を読みとることも可能であろう。このように、近世仏教を教義・教団史また仏教思想史として狭義にとらえるのではなく、仏教民俗史また庶民生活文化史、さらには、仏教の批判的受容史とでもいうべき視点からも広義にとらえ、近世仏教の社会史的意義を再検討する必要性があるように思われるのである。

二　先祖と非先祖――幽霊の逆襲

仏教的先祖祭祀の形成

このような視点を設定したとき、近世仏教の最大の意義は、先祖祭祀を本格的に形成させたことにあった。幕藩体制の政治的基盤である本百姓体制は、小農《しょうのう》とそれの連合体としてのムラを基本とし、武士だけではなく農民・商人・職人などにいたるまで単婚小家族を社会の基本に位置させるようになった。これについては、安良城盛昭『幕藩体制社会の成立と構造』（一九五九年）、大石慎三郎『近世村落の構造と家制度』（一九六八年）、大藤修『近世農民と家・村・国家』（一九九六年）をはじめ文献史学でおおむね了解されており、小農家族の形成はその家における先祖祭祀を形成させる前提条件であった。それは、幕府が本末《ほんまつ》制度により寺院をヒエラルヒー的秩序のもとに管理し、庶民ひとりひとりがキリシタンではないことを家単位で寺院に証明させる寺請《てらうけ》制度を徹底させ、寺檀《じだん》制度を一般化させたことと表裏一体となっていた。年代的にいえば、藤井学「江戸幕府の宗教統制」(『岩波講座 日本歴史 九』、一九六七年)、大桑斉『寺檀の思想』(一九七九年)、圭室文雄『江戸幕府の宗教統制』(一九七一年)・『日本仏教史 近世』(一九八七年)・『葬式と檀家』(一九九九年)などが指摘するように、寺請制度は、一六三五(寛永一二)年の寺社奉行《じしゃぶぎょう》設置、一九四〇(寛永一七)年の宗門改役《しゅうもんあらためやく》設置のころからはじまり、寛文年間(一六六一〜一六七三年)までには日本列島全域で完成している。このように、家単位でひとりひとりの人間がいずれかの寺院の「檀那《だんな》」になることが制度化され、それが仏教の浸透の結果としての先祖祭祀を形成させていた。

出生した人間は「檀那」寺に届け出られ、宗門改帳《しゅうもんあらためちょう》(あるいは宗門人別改帳《しゅうもんにんべつあらためちょう》)に登録され、死んだときにも「檀那」寺に届け出られ、そこからはずされる。そしてはずされるとき、「檀那」寺から死者名である戒名がつけられ、その「檀那」寺と子孫から仏教的祭祀の対象となる。しかしそれは、生きているときには宗門改によって「檀那」寺に管理され、死んでからも「檀那」寺によって仏教的先祖祭祀の対象とされ管理されるようになることでもあった。このようにして、死者は「檀那」寺によって管理されつつ仏教の教義にもとづき浄土にいき、同時に、その家の子孫から、その戒名が記された位牌・「お墓」などの仏教的祭具により先祖として祀られることになった。言い換えれば、先祖祭祀とは仏教的祭具による祭祀形態であり、この位牌・「お墓」などの物体に対する跪拝でもある。先祖祭祀の形成とは、庶民生活のすみずみにいたるまでの、仏教による物神崇拝の形成でもあった。

明治維新後、明治新政府の司法省《しほうしょう》が民法編纂の基礎資料とするために、旧幕府時代の制度・習慣を全国規模で調査してまとめた一八七七(明治一〇)年の『民事慣例類集《みんじかんれいるいしゅう》』、一八八〇(明治一三)年の『全国民事《ぜんこくみんじ》慣例類集《かんれいるいしゅう》』は、「檀那」寺との寺檀関係のなかにある江戸時代の庶民生活を伝えてくれる。出生すると、村・町役人に届け出をするだけではなく、「檀那」寺にも届け出、宗門改帳への記載を行なう（第一章「出産ノ事」）。たとえば、新潟県蒲原《かんばら》郡では、毎年三月に一年間の出生を戸主が名主に届け出、人別改を行ない、名主がそれを寺院に差し出し確認・押印して「宗旨帳」としていた。福岡県三潴《みずま》郡では、出生すると組頭へ届け出、組頭から町目付へ届け出、町目付は出生届書を作成してそれを「檀那」寺に届け出、「檀那」寺から町目付へは受け書を渡すことになっていた。死んだときにも、村・町役人へ届け出をするだけではなく、「檀那」寺へも届け出、そこで葬祭が行なわれる（第三章「死去ノ事」）。京都府葛野《かどの》郡・愛宕《あたぎ》郡では、死者があるとすぐに「檀那」寺に届け出、僧侶が確認のためにくる。村役場では毎年二月・八月の人別改のときに除籍している。秋田県秋田郡では、死者があるとすぐに口頭にて「檀那」寺と町代に届け出、町代は書面で庄屋に届け出ている（風早八十二編・解題『全国民事慣例類集』、二二頁、二五頁、七八〜七九頁）。

これらが現代でも継続する先祖祭祀形成の要因と背景であった。先祖祭祀とは、単婚小家族の形成を前提とし、仏教を政治的に強制した幕藩体制が寺檀制度を徹底させるなかで、仏教の政治的強制とともに一般化した仏教民俗であった。政治性および宗教性との混淆のなかで民俗文化としての先祖祭祀が形成されていたのである。そのような意味では、『先祖の話』（一九四六年）などで柳田国男《やなぎたくにお》が仏教をことさらに排除しつつ「固有信仰」として説いた先祖祭祀論は、事実を無視した明らかな空理空論であった。

飢饉による社会崩壊

このようにして形成された先祖祭祀は、それが家を祭祀母体としているために、現実的には、先祖祭祀から逸脱せざるを得ない死者を生む。それぞれの家の事情、社会経済的動揺、流行病、飢饉、災害などにより家は動揺する。あるいは崩壊する。飢饉はそのもっとも代表的な例といってよいだろう。たとえば、一七八五（天明五）年八月、現在の青森県西津軽郡を旅した菅江眞澄《すがえますみ》は、「そとがはまかぜ」という日記で、ある村での天明の大飢饉の惨状を次のように伝える。

村のこみちわけ来れば、雪のむら消え残りたるやうに、草むらに人のしら骨あまたみだれちり、あるは山高くつかねたり。かうべなど、まれびたる穴ごとに、薄《すすき》、女郎花《おみなえし》の生出たるさま、見るこゝちもなく、あなめあなめとひとりごちたるを、しりなる人の聞て、見たまへや、こはみな、うへ死たるものゝかばね也。過つる卯のとし（天明三年）の冬より辰の春までは、雪の中にたふれ死たるも、いまだ息かよふも数しらず、いやかさなりふして路をふたぎ、行かふものは、ふみこへふみこへて通ひしかど、あやまちては、夜みち夕ぐれに死むくろの骨をふみ折、くちたゞれたる腹などに足ふみ入たり。きたなきにほひ、おもひやりたまへや。

（内田武志・宮本常一編『菅江眞澄全集 第一巻』、二七四頁）

飢饉のために流浪する人たちが路上で餓死し、遺体が積み重なっていたというのである。さらに眞澄は、現在の青森県から秋田県に入ってからも惨状を目にする。現在の大館市付近では、餓死をまぬがれ流浪する人（「かたゐ」）から次のような話を聞く。

わけ来る路のかたはらに在る無縁車《むえんぐるま》とて、卒塔婆にかな輪さしたるをまはすは、飢人の死かばね埋しをとぶらふならん。このかたゐ、なみだながして、ひとりごとして、あはれ、わがともがらは、みな、かくなり行たるが、あさましの世のなかと、てゝらの袖に、なみだのごひたり。近づきてとへば、こたへて、われらは馬をくらひ人をくひて、からき命をたすかりつれど、又此とし吹たる風にあたりて、いな穂かゞまずむかしの陪堂《ほいとう》となりて侍る。

（同、二九〇頁）

飢饉で餓死者が多く出ているが、その生き残りの流浪する人の話では、馬を喰い、人間を喰い、生命長らえているという。

先祖祭祀の母体である家だけではなく、地域社会の根こそぎの崩壊すらも起こっていた。そして、先祖祭祀の母体としての家が崩壊したばあい、その死は、先祖ならざる死者を生むことを意味していた。飢饉のような突出的な例ではなくても、先祖として祀る子孫がいなければ、その死者は先祖になることはできない。先祖として祭祀対象になることのできる死者と、そうではない死者という、二つの死者カテゴリーの誕生であった。子孫という祭祀者がいて祭祀対象となる先祖の形成は、相対的に先祖ならざる死者をも生む。先祖が仏教的形成であるとすれば、仏教でいうところの無縁仏、また、浄土にいくことができずさまよい危害をおよぼすこともある幽霊も、そのすべてをそうであると断定することはできないが、これらは仏教的存在としての形成であった。

非先祖の登場

このような先祖ならざる死者をひとくくりにしてどのような言葉で表現すればよいのか難しいが、ここではごく単純に非先祖とでも呼んでおこう。

幽霊に代表してもらい、この非先祖の死者のありさまをみてみよう。

すでに近世初期の仏教説話にはこうした非先祖が多く登場する。『片仮名本《かたかなぼん》・因果物語《いんがものがたり》』（一六六一年）『平仮名本《ひらがなぼん》・因果物語』（一六六一年頃）『伽婢子《おとぎぼうこ》』（一六六六年）『宿直草《とのいぐさ》』（一六七七年）『新御伽婢子《しんおとぎぼうこ》』（一六八三年）などがそうであるが、たとえば、『片仮名本・因果物語』の「先祖を弔はざるに因つて子に生まれ来て責むる事　付孫を喰ろう事」に、東三河（現在の愛知県東部地方）の説話として、次のような話がある。

ある村の庄屋で勘左衛門という者が死んだ。しかし子供が親不孝で死後の供養をすることがなかった。三年目の六月、この勘左衛門が、その子供が畑で稗《ひえ》を刈っているところに出てきて、さらに、家に仕えている者に向かい、次のように言った。「我食物《しょくもつ》無くして、仏に窺《うかが》ひ申せば、何にても与ゆる物なし、汝が子を食せよと仰せ有り」。そして、これを子供に伝えてくれという。見ると、埋葬した塚のなかに戻ったあとがあった。やがて、勘左衛門の孫にあたる五、六歳の子が死んでいるのがみつかった（高田衛編・校注『江戸怪談集　中』、一三六頁）。

子孫が先祖供養をしないので、幽霊となって出てきて、子を食べてしまったという怪異譚である。

仏教説話であるから、これを教訓として、寺院・僧侶が仏教的追善供養を薦める話でもあるが、仏教的先祖供養を受けない死者は幽霊となり生者に危害を加えている。仏教に対する不信心が幽霊を生んでいるのである。その逆に、仏教への信心はこうした幽霊を慴伏する強い霊力を持つとされる。『宿直草』にある「幽霊、読経に浮かびし事」は、慶安（一六四八〜一六五二年）の頃の摂津《せっつ》国（現在の大阪府）の話として次のような話を紹介する。

ある百姓の妻が死んだ。しかしこの百姓は死んだ妻を弔うことなく、七日目には後妻を迎えた。すると夜な夜な先妻の亡霊が出てきて後妻はもの狂いとなったために、ある人が奈良二月堂の牛王《ごおう》の護符を貸したところ、その護符のおかげで後妻のもの狂いはなくなった。しかし、死んだ先妻がその護符を貸した人のところに行き怨んだために、護符は返却され、再び先妻が出てきて後妻はまたもの狂いとなった。そのようなありさまに、親しい知人がこの百姓に意見して、「死して七日目に、今の妻を呼び、跡もしかじか弔ひ給はず。御身の誤りにあらずや」と忠告した。百姓は浄土真宗であったが、『観無量寿経』という経を読み念仏回向したところ、その後は、先妻の亡霊が出なくなった（高田衛編・校注『江戸怪談集 上』、一一三〜一一四頁）。

先妻が後妻に危害を加えるうわなりうちの近世版とでもいうべき話であるが、その結末は、仏教供養による先妻の成仏として終わっている。

このように、仏教供養が行なわれない死者は幽霊として登場し生者に危害を加えるようになっていた。先祖祭祀の形成は、このように、仏教供養からはずれた、あるいは、はずされた死者を、非先祖とする相対的関係を生んでいたのである。

幽霊の逆襲

先祖という観念が実生活のなかでくりかえされるひとつの共同幻想であるとすれば、幽霊は物語また劇中で、あるいは、想像上で共有される共同幻想である。非先祖の代表者、幽霊とは、先祖が「お墓」や位牌で祭祀対象となることと比べて実体的ではなく、多くはフィクションで共有される。もちろん、無縁仏が祭祀対象とされることもあり、幽霊を実生活のなかで体験する共同幻想もあったと思われるが、祭祀者が子孫として特定され「お墓」や位牌といった祭具がある先祖とは異なり、それらがない無縁仏や幽霊などの非先祖は、具象化された祭具を欠き想像上で構成されることが多い。

近世短編小説の名作集といってよい上田秋成の『雨月物語』(一七七六年)、なかでも、名作として名高い「菊花《きっか》の約《ちぎり》」「浅茅《あさじ》が宿《やど》」「吉備津《きびつ》の釜《かま》」などはいずれも幽霊譚といってよいだろう。「菊花の約」の飛ぶ魂、「浅茅が宿」の土地に残留する魂、「吉備津の釜」の怨みをはらす魂、幽霊として出現する彼ら・彼女らは、その成仏していない魂が幽霊として出現し具象化される。しかし、先祖のように、「お墓」や位牌で祭祀対象とされ実体化されているわけではない。

幽霊としてもっとも有名なお岩《いわ》もそうである。四世鶴屋南北《つるやなんぼく》の歌舞伎脚本『東海道四谷怪談』(一八二五年)は、産後の肥立ちが悪く、毒を盛られ怨みをのんで死んでいったお岩が、彼女を邪慳にし実質的に死にいたらしめた伊右衛門《いえもん》の前に幽霊としてあらわれ、悩み苦しめる。伊右衛門の最期はお岩の義弟与茂七《よもしち》の助太刀だったが、お岩が伊右衛門をもっとも苦しめる有名な場面は、大雪のなか、お岩を供養するためにおかれた流れ灌頂《かんじょう》の白布のなかから産女の幽霊となってあらわれる場面である。


伊右衛門、白布の上へ水をかける。此水、布の上にて心火《しんか》となる。伊右衛門、たぢたぢとなる。どろどろはげしく、雪しきりに降《ふる》。布の内よりお岩、うぶめ《産女》のこしらへにて、腰より下は血になりしていにて、子をだいてあらわれ出る。

(鶴屋南北・河竹繁俊校訂『東海道四谷怪談』、二五九頁)


幽霊のお岩はその後もくりかえし伊右衛門を苦しめるのであるが、伊右衛門がそれに対抗するのは、「おのれ死霊め」と叫び刀で斬りつけ、また、数珠を手に「なみあみだん仏」「なむあみだん仏」と念仏をとなえることであった。だが、その効力もなく、伊右衛門は最期をむかえる。
お岩はうらみをはらしたことになる。しかし、『東海道四谷怪談』ではその「序幕」でお岩の父は伊右衛門に殺害され、生んだ子も妹お袖も死に一家全滅であった。幽霊になっただけではなく、この一家全滅といい、お岩は典型的な非先祖であった。

そのとき、お岩への対抗手段としてとなえる伊右衛門の念仏は、仏教の力によってお岩の幽霊、非先祖を退治しようとしていた。しかし、念仏は通用せず、お岩の幽霊が念仏に打ち勝ち伊右衛門は死ぬ。非先祖の幽霊は仏教を超えたのである。さきにみた『宿直草』の物語「幽霊、読経に浮かびし事」は先妻の幽霊が仏教供養によって幽霊をやめ成仏していた。しかし、お岩はそうではない。江戸幕府によってその正当性を保障されていた仏教を、非先祖のお岩が圧倒してしまっている。『東海道四谷怪談』は一八二五（文政八）年の作品であった。幕末も近い。江戸幕府の秩序、仏教の力を超越する幽霊が誕生してきていた。江戸幕府の政策により仏教が庶民生活の末端にいたるまで浸透し先祖が形成され、それとの相対的関係においてこうした非先祖の形成があった。しかし、その非先祖の代表者幽霊がその政治的宗教秩序を凌駕しはじめている。

なお、幽霊といえば〝夏〟というのがいまの常識であるが、いま見たように、もっとも有名な幽霊、お岩は、最初、真冬の大雪のなかで登場していた。幽霊＝〝夏〟という常識は、歌舞伎の上演季節とも関連して、その後徐々に形成されてきた観念ではないかと思われる。これについては、池田弥三郎『日本の幽霊』（一九五九年）がすでに指摘しており、また池田は、柳田国男の「妖怪談義」（一九三六年）における、妖怪＝場所に出る、幽霊＝人につく、という妖怪と幽霊の分類に疑義を提出して、幽霊も場所に出ることが多いという。幽霊については、仏教との関連性も含めて、そこで表現された霊魂観念の再検討も必要であろう。

三　浄土と現世――仏教の超克

仏教批判

近世仏教が江戸幕府にオーソライズされつつ庶民生活レベルにまで浸透したことは、庶民にとっては、教義・教団としての仏教思想ではなく、仏教を具現化している寺院・僧侶がその生活に密接に結びついたことを意味していた。仏教はその教義・教団というよりも、日常生活のなかに存在する位牌・「お墓」などの仏教的祭具に対する物神崇拝によって示されることになった。しかし、こうした近世仏教の現実は、寺院・僧侶を肯定するだけではなく、批判をもうかびあがらせる。

早くも、慶安年間（一六四八～一六五二年）から寛文年間（一六六一～一六七三年）頃までに書かれた『仮《か》名性理《なしょうり》』（藤原惺窩《せいか》作とされるが実際は他者の執筆と考えられている）は、朱子学の原理を平易に説明するなかで、仏教の現実を次のように告発する。

今時《いまどき》の出家たち財宝をつみたくはへ、堂寺《どうてら》に金銀をちりばめ、あやにしきを身にまとひて、いのり祈禱をなして後世をたすけんと云て、人のこゝろをまよはする事、仏の本意にもあらず。まして神道の心にもかなはず。世のさまたげとなるものは出家の道なり。

（石田一良他編・校注『日本思想大系28　藤原惺窩　林羅山』、二四九～二五〇頁）

近世後期にいたっては、より詳細に寺院・僧侶の現実を列挙し、それを告発する文献さえもが記されている。一八一六（文化一三）年頃に書かれた『世事見聞録《せじけんぶんろく》』（「武陽隠士」という匿名で発表された）の「三の巻」の前半は「寺社人の事」でその全編ほとんどが寺院・僧侶批判といってよいほどである。

次のようにはじまる。

当時は僧侶は御代の結構なる故に、さらに困窮を知らずして衣食住を極め、安楽に身を過ごすこと無類なり。殊に世に養はれ人の陰にて立ちゆく身の程を忘れ、ことごとく高慢に構へたるものなり。

（本庄栄治郎校訂・奈良本辰也補訂『世事見聞録』、一三七頁）

そして、僧侶の実態を告発する。住職の継承は売買され、開帳・説法・施餓鬼《せがき》なども救済のためではなく、利益を得るための工夫にすぎず、法事・葬式・加持《かじ》・祈禱《きとう》も布施の多寡によって格式を決められているという。また、僧侶の女犯《にょぼん》・肉食《にくじき》はふつうで酒食にふけり囲　女《かこいおんな》をする僧侶さえいるという。

次のようにもいう。

堂塔《どうとう》の建立も身の昇進をも、衆生教化の功徳を以て人の惜しまぬ財宝にてなすにはあらず。勧化《かんげ》・奉加《ほうが》をなし、檀家の不承知なるも強く勧め、その土地の困窮するもその家の破るるも頓着せず、割き与へて取り……、積金講《つみきん》・貸付け・利倍など欲情の道にて衆人の汗膏《かんこう》を絞り取りて本社を立て、その身の昇進をもするなり。

（同、一五一頁）

続けて次のような言葉さえも吐いている。

今の世の仏神は、欲心の合戦の元帥《げんすい》となり給ふなり。

（同、一五一頁）

江戸幕府の政策に裏づけられていたためでもあろう、近世仏教の庶民生活への浸透は、同時に、仏教の世俗化をもたらしていた。それがこうした仏教批判となってあらわれていた。辻善之助をはじめとする近世仏教堕落論の根拠が、こうした世俗化した近世仏教の実態にあったことはいうまでもない。

しかし、こうした世俗化仏教への批判がおこってきたことじたい、近世仏教が庶民生活のすみずみにいたるまで浸透した結果でもあった。そして、こうした近世仏教への批判のなかから、それをふまえた上での新宗教がおこってくる。そうした新宗教は、仏教教義が極楽浄土への成仏を基本としあの世を重視するのに対して、近世仏教が世俗的であったためもあろう、現世中心の主張であるのが特徴であった。

富士講の仏教批判

その代表者として、近世中期、享保年間（一七一六〜一七三六年）に活躍した富士信仰の行者、身禄《みろく》をあげることができよう。ふつう身禄は富士講の行者として知られるが、富士信仰・富士講研究の代表作、井野辺茂雄『富士の信仰』（一九二八年）・岩科小一郎『富士講の歴史』（一九八三年）によると、すくなくとも、身禄以前には富士講はなく、身禄以後でも、近世後期以降各地で作られた富士塚の最初が高田富士（一七七九年。現存しない）で、富士講という名称の記録上の初出は一七九五（寛政七）年の町触れであるというから、身禄を継承する富士信仰集団が富士講と名乗り、江戸府内・府外を中心に増加していったのは一八世紀末からであった。身禄だけではなく、戦国時代末から近世初頭にかけて活動した富士信仰の行者角行《かくぎょう》およびそれを継承した村上派についても、厳密にいえばそれに富士講という命名は適切ではなく、身禄についても、身禄の継承者たちが富士講を形成していったという意味で富士講の祖として位置づけることはできるが、身禄自身をもって富士講の行者と位置づけることはできない。しかし、この身禄を祖として、富士講が富士信仰を代表し、近世後期から幕末・明治期まで爆発的な流行が起こっていた。

身禄を世に知らしめたのは、一七三二（享保一七）年の享保の大飢饉の影響により、翌一七三三年、江戸で起こった打ちこわしを見つつ、現世の庶民救済のために富士山七合目五勺《しゃく》の烏帽子岩《えぼしいわ》に入定《にゅうじょう》したことにあった。身禄が烏帽子岩で厨子《ずし》に入り生命の尽きるまでの語りを一日ごとに記した『三十一日の御伝《つたえ》』のなかに次のような一節がある。

人間一人相続したらんには堂塔伽藍《がらん》寄附したらんよりはるかに勝《すぐ》れたる大善也。

（岩科小一郎『富士講の歴史』、五四四頁）

人間ひとりが「相続」するのは、寺社の「堂塔伽藍」建立のために「寄附」をするよりもはるかにすぐれているというのである。

どのような意味なのであろう。

身禄がその教義を説いた一七三一（享保一六）年の「一字不説《いちじふせつ》の巻」のなかでは次のようにいう。

誠ににんげん《（人間）》壱人お《（を）》御たすけ《（助け）》被下候得《くだされそうらえ》ば、日本六拾六ヶ国御取立、其上に七どう《（堂）》がらん《（伽藍）》お《（を）》御こんりう《（建立）》、千部まん《（万）》部お《（を）》御よま《（読ま）》せ候より、にんげん《（人間）》壱人お《（を）》御たすけ《（助け）》被為遊《あそばさせられ》候ば、天より、南無ちちはは様、南無仙元《（浅間）》大菩薩様、南無長日月光仏様御よろこび《（喜び）》、その上に天の大善帳に御付ヶ被為遊《あそばさせらる》。（同、五〇三頁）

富士講による現世の極楽

人間ひとりの救済は、多くの寺社を建立し読経をくりかえすことよりも大切であるという。物神崇拝を庶民生活のすみずみまで浸透させ浄土への成仏を説いた近世仏教を否定し、そうではない現世での人間の救済を重視している。身禄は、それをみずからの入定という宗教行為として具現化していた。

身禄は次のようにもいう。

にんげん《（人間）》より外にたつとき《（尊き）》ものわ《（は）》無御座《ござなく》候、それ故に人間が御ぼさつ《（菩薩）》お《（を）》もつくり申候得ば、御ぼさつ《（菩薩）》が御出来被成《なられ》候、その外人間が神といふも仏といふも、いさい《（委細）》のものにんげん《（人間）》がこしらえ申候得ば、何にしても出来候。（同、五〇二頁）

人間よりも尊いものはなく、神も仏もすべてを人間が作ったというのである。また、身禄のいう「菩薩」とは米のことでもあるので、人間が食料を生産していることをも重視している。徹底した人間重視の宗教思想であった。このような宗教思想を持つ身禄は、すでに紹介した『仮名性理』『世事見聞録』におけるような近世仏教批判をくりかえす。たとえば、入定する前の身禄にしたがい、入定から二年後の一七三五（享保二〇）年、身禄の言動を記した小泉文六郎という武士の『真元之祕書《しんげんのひしょ》』では次のようにいう。

昔の道心者と云ふは本の道を守るをいふ。今の道心邪は万事に邪有りて、髪を落し衣を着て衆生《しゅじょう》を迷はし、道心邪と申也。釈尊の教化別伝と説き給ふ心を知りたらば、生きながら全体社と仏なれ。

（鳩ヶ谷市文化財保護委員会編『鳩ヶ谷市の古文書第一九集　富士講古典教義集Ｉ』、四二頁）

昔の「道心者」は道を守っていたが、いまの「道心者」は「道心邪」で、髪を落とし衣を着ているが、衆生を迷わし心が邪《よこしま》である。釈迦の教化・説法の心を知る者ならば、生きながらすべてが仏とならなければならないというのである。

しかし、身禄が『仮名性理』『世事見聞録』などと決定的に異なるのは、そうした近世仏教批判のうえで、さらに、現世中心の独自の宗教思想を展開したことにあった。

『真元之祕書』は次のようにもいう。

必ず死後に西へ行くと願ふべからず、年三百六十日を満ちて極楽に致すべし。皆人々の体より割出したる真の理を可知《しるべし》。

先《まず》命の在る中は天下の法度《はっと》を守り、万の民は田畑を耕し、米金不足なく貯へ置き、春夏をも不知程《しらざるほど》に平等に食物を味ひ、能《よく》喰ひ、春は薄衣服を着して、夏は能帷子《よきかたびら》着し涼しきところに家をつくり足るにいたり慰み、冬はあたたか成様に衣類を着し、風の入らざるやうに家をかまへ、爰《ここ》に住する時世界平等に成るときは、壱年皆不残《のこらず》極楽と成る。……則《すなわち》秋は西方なれば西方を願ひける也、西方を願はんよりも田畑畠を能く作りぬれば、不願《ねがわず》して極楽に至る。

（同、七二頁）

極楽は、仏教教義におけるような西方浄土にあるのではなく、現世の一年の生活のなかにこそあるのだという主張である。近世仏教が庶民生活のすみずみにまで浸透させた物神崇拝を否定し、仏教教義のいう浄土を死後の西方浄土に求めず、現世の生活のなかにこそ実現できるものとしている。近世仏教の世俗化は、浄土を死後から逆転させ、現世を重視するあらたなる宗教思想を生み出していた。そのような意味でいえば、かつて、宮田登が『ミロク信仰の研究』（一九七〇年）などにより、身禄《みろく》の名前を弥勒《みろく》とかけあわせ、その入定をもって、メシア待望的宗教思想として位置づけたが、こうした指摘は一面的事実のみの拡大評価、曲解にすぎなかった。

如来教の「無縁仏」「三界万霊」救済

近世後期から幕末・維新期に開教されていった多くの新宗教も、現世の生活が第一義であった。現実に存在する懊悩・病気などの解決・治癒による救済を求め、教祖が生き神として崇拝の対象となる。たとえば、現在の岡山県で一八一四（文化一一）年に黒住宗忠《くろずみむねただ》が開教した天照大神《あまてらすおおみかみ》を根源神とする黒住教、同じく現在の岡山県で一八五九（安政六）年に川手文治郎《かわてぶんじろう》が金光大神となり開教した金光教《こんこう》、現在の奈良県で一八六四（元治元）年ごろから中山みきが本格的な布教活動を展開し幕末・維新期に急速に拡大した天理教、これらはいずれも、その教義の中心を近世仏教のような死後のあの世に置いたのではなかった。現世での病気治しなどの現実問題の解決が重要であった。

こうした新宗教のうちでもっとも早い時期の開教であり、また、天理教の中山みき、明治期の大本《おおもと》教の出《で》口《ぐち》なおに先行する女性教祖の最初の事例でもある、如来《にょらい》教という新宗教がある。如来教の教義と思想については、神田秀雄の『如来教の思想と信仰』（一九九〇年）、浅野美和子『女教祖の誕生』（二〇〇一年）をはじめ、両者編による『如来教・一尊教団関係史料集成』全四巻（二〇〇三〜二〇一一年）がその全容を明らかにしてきた。それらによると、如来教は、現在の愛知県名古屋市熱田神宮前に住むきの（喜之）という女性が、金毘羅《こんぴら》などに神がかり（金毘羅が多いが初期には他の神々も憑依している）、一八〇二（享和二）年に開教した。その宗教思想は本地垂迹《ほんじすいじゃく》説的でもあり、如来（釈迦如来《しゃかにょらい》）が金毘羅として具現化し、きのに憑依し、その言葉を伝えるという形式であった。

如来教では、きのが金毘羅などに憑依し語った内容を「お経様」と呼ばれる教典とする。如来教でも僧侶への批判はふつうである。たとえば、一八〇五（文化二）年五月二八日、祀る者がない無縁仏、「跡のない聖霊《せうれう》」にふれて、「まいす《（売僧）》坊主に、其方《ほう》に助て貰はでもよい」（浅野美和子・神田秀雄編『如来教・一尊教団関係史料集成　第一巻』、一五五頁）、また、一八〇六年四月二八日には、「今は誠の出家といふ者は、壱人もござらぬそや」（同、一七一〜一七二頁）ともいう。如来をその唯一神とするので、仏教そのもの、および、仏教教義における死後の浄土を否定しているわけでもない。しかし、現実の僧侶、近世仏教の具現化のありようには批判的であった。

如来教は、富士講とは逆に、現世については否定的であり、極楽への成仏を重視する。

此人間は皆々、魔道の種ゆへ迷ふ事多く……、魔道の種ゆへ、能《よい》人間とては壱人もないなふ……。誠に此度《このたび》は、魔道界を離れさせ、未来成仏の思《おぼ》しめし。

（同、一六一頁）

現世は「魔道」が作る「魔道界」とされ、この「魔道界」からの救済を極楽への成仏により達成するというのである。したがって、如来教での成仏とは先祖になることが第一義ではなく、現世の「魔道界」での困窮者・病人などが極楽で救済されることが重要視される。

貧窮なるものや病人を、第一、如来様は御不便《(不憫)》に思召《おぼしめさ》せられて、此度御歳度《(済度)》有《ある》のでござる。お主《ぬし》達も思つてみつされ。先富貴《まずふうき》なものといふものは、何一つ不自由な事もなし、人も出入、色々と取扱《(取持)》物でござる。病人や貧窮成ものは、諸人にうとまれ、日々夜々苦しむ事斗《ばか》り。夫を不便《(不憫)》に思召せられ、「助て取《とら》せ度事」とて、いろいろと御苦労遊ばせられ、此方も不便《(不憫)》に存じ、未来助取せ度ゆへ、いろいろと語り聞するのでござる。

（同、二二三頁）

如来が救済するのは、現世で不自由のない「富貴なもの」ではなく、現世で苦しむ「病人や貧窮成もの」

であるという。そして、きのの教義では、如来とほぼ等号で結ばれる「お釈迦様」の救済は、「お釈迦さま」と「有縁」にある先祖だけではなく、そこから排除された無縁仏、および、「三界万霊」を目的とするとされる。

其《その》お心は「無縁万霊を助とらせやう」と仰せられるお心でござるてなふ。其お詞《ことば》を以《もって》言事なれば、其方達《ほうたち》が耳へは這入《はいる》まいけれども、お心は三界万霊を助る事でござる。
「先祖代々、有縁無縁、三界万霊」と申《もうす》、其先祖代々は言《いう》に及《およば》ず、有縁とはお釈迦さまに御縁有《ある》宗門につらなるもの、無縁とは仏にけ（蹴）出されたるもの、三界万霊とは、二千七百有余年《ゆうよねん》の内、お釈迦さまにお敵対なしたるものゝ事なれ共、是まで何となく「三界万霊」と仰られた事でござる。

（同、二六一〜二六二頁）

如来教の教祖きのが目的としたのは、仏教的先祖祭祀ではもちろんない。無縁仏といい「お釈迦さま」に敵対した「三界万霊」といい、非先祖の救済であった。先祖を「お墓」や位牌などで祀り、それらへの物神崇拝を通して、仏教を世俗化し庶民に浸透させる方向ではなく、「能所《よいところ》」という極楽浄土へと、非先祖の無縁仏・「三界万霊」を送り出すことであった。

信徒から依頼されるままの病気治癒祈願も多いが、如来教のきのは、近世仏教の庶民への浸透が先祖を基本としていたのに対して、非先祖の救済を強調していた。近世仏教とはその重心が異なっている。『東海道四谷怪談』（一八二五年）のお岩、非先祖の幽霊が、仏教を超越したのと同じ一九世紀はじめ、一八〇二（享和二）年開教の如来教は、非先祖中心の教義を展開するようになっていたのである。

近代化の思想

近世仏教は、庶民生活のすみずみまで仏教的先祖祭祀を浸透させ、同時に、それとの相対的関係において非先祖を生み出していった。しかし、『東海道四谷怪談』や如来教の段階、近世後期には、この非先祖が先祖を超越し、また、重視される、そうした宗教文化が発生していた。江戸幕府にオーソライズされた仏教的先祖と、非先祖との地位の逆転であった。もちろん非先祖とは仏教的先祖との相対的関係において生成された観念であるから、この逆転の思想形成は、近世仏教が胚胎させたわけでもあり、それは近世仏教そのものが形成させた逸脱でもあった。

これについては、仏教批判をもとに現世を重視する身禄の教義、近世後期から幕末期に形成される黒住教（天照大神）・金光教（金光大神）・天理教（天理王命《てんりおうのみこと》）、さらには、明治・大正期の大本教（艮《うしとら》の金神《こんじん》＝国常立尊《くにとこたちのみこと》）などの新宗教が、それぞれの唯一神を設定しつつ、現世での救済を重視したことも、浄土への成仏を重視する近世仏教に対して、近世仏教からの逆転の思想形成であった。これらではみずからの教義においてそれぞれの唯一神による救済を設定しつつも、身禄を除けば、仏教批判は強くはない。「高山」（天理教）・「鼻高」（大本教）と言い放つ権力者批判に比べれば、仏教をはじめとする異教排除・攻撃は強烈ではない。たとえば、黒住教の「黒住教教書　文集」のなかで黒住宗忠が、「神道は、いきる斗り《ばかり》にて宜敷《よろしく》と奉存候《ぞんじたてまつり》。仏とは、うらはらの事と奉存候。是迄は、少しの取違いにて、大也《だいなる》間違御座候。何もケ《か》も、時々刻々に物をいかし候所こそ、天照大神の御道と奉存候」（一八二七年一〇月一六日石尾乾介あて書簡）といい、死後を重視する仏教を批判するのではなく、並列させて、天照大神への信仰は現世での生活に活かされるとする（黒住宗忠・村上重良校注『生命のおしえ』、一二五頁）。しかし、そうであるとしても、浄土での往生による救済を重視する近世仏教に対して、現世での生活のなかでの救済を重視するこれらの新宗教は、明らかに近世仏教における他界中心の思想からの転換であった。浄土から現世への救済の転換、それが近世後期から幕末期に生成した新宗教、また大本教に代表される明治・大正期の新宗教によって展開されていたのである。

近世仏教を基軸としたとき、その近世仏教への批判と逸脱、特に、非先祖と現世の重視にみられる展開過程は、近世仏教思想における価値を逆転させていた。そしてそれを宗教思想史としてみたとき、近代思想形成過程のなかに位置づけることもできよう。仏教的価値の転換をもってして、宗教思想の近代化過程としてとらえなおすことができるように思われるのである。

かつて、安丸良夫「日本の近代化と民衆思想」（一九六五年）の通俗道徳論、鹿野政直『資本主義形成期の秩序意識』（一九六九年）の一―2「農民的変革思想の対抗」は、近世後期の新宗教を近代化過程の思想として位置づけていた。安丸、鹿野ともに、これらの新宗教を近代化過程の思想を分析する際の一要素として扱い、安丸が近世後期から幕末期の通俗道徳を近代化のための「生産力」と評価し、鹿野が民衆意識における解放精神と主体性の形成としてとらえ、両者における新宗教評価の基準は異なるが、近世後期から幕末期以降の近代化を視野に入れていた。こうした評価を、近世仏教との相対的関係においてとらえなおす必要性があると思われる。

安丸、鹿野ともに、その近代化過程についてのとらえ方は、近世社会にもっとも浸透しその基底にあった仏教思想との関連性については考慮の外にあった。黒住教・金光教・天理教・大本教などの新宗教が、この時期のみの現象として抽出されていた。しかし、宗教思想史として位置づけをしようとすれば、近世社会にもっとも支配的であった仏教との関係性において、その宗教思想を評価しなければならない。ここでは、代表的先行研究でもある安丸、鹿野の思想史的評価に対して、これら新宗教における現世中心の救済思想が、あの世の浄土中心の仏教思想からの逸脱であったという意味で、近世仏教からの価値の逆転として、近代化過程の思想として位置づけることができるのではないかと考えている。先駆者としての身禄の思想、およびその没後一七〇〇年代末から一八〇〇年代前半にかけての富士講の大流行についても、その仏教批判と現世中心の思想について同様の評価をすることが可能であろう。また、『東海道四谷怪談』や如来教における非先祖の重視も、それを近代化過程の思想であるとかならずしも断定はできないが、すくなくとも、近世的価値観からの逸脱として評価することが可能であるように思われる。

四　成仏と非成仏のあいだ——政治的人格神の形成

死者の第三の形態

これまでみてきたように、近世社会における体制内宗教、世俗宗教としての仏教の定着、および、そこからの逸脱をも含めての拡大は、近世以降の日本社会における仏教の社会的浸透を意味していた。いっぽう、近世幕藩体制は、仏教の社会的浸透が形成させた仏教的先祖、そしてその相対的存在である非先祖、それらとは異質な死者をも作り出していた。

江戸幕府が、その権力の正当性を裏づけるために、初代徳川家康を徳川家の権威の原点として、死した家康を神としたのがそれであった。「神君」徳川家康、東照大権現《とうしょうだいごんげん》の形成である。それは死者の人格神化であり、これにより、徳川家はその権力の正当性のための権威を構築することになった。以後、一五代将軍徳川慶喜まで、権力の正当性は、東照大権現の子孫であるという正統性によって担保されることになる。

しかし、死者徳川家康が東照大権現になったことは、近世仏教が死者を成仏させ仏教的先祖としたこととは異なっていた。また、非成仏の死者が非先祖となっていたこととも異なっていた。成仏と非成仏のあいだで、それらのどちらでもなく、家康は死してみずからを神としていた。徳川家の先祖として成仏しながらも、仏教的先祖になったのではなく、「神君」として東照大権現という神になっていた。政治的人格神の形成である。

死者が人格神となるのは家康以外にも多い。古典的代表例として、天神となった菅原道真《すがわらみちざね》をみてみよう。道真が太宰権帥に左遷され九〇三（延喜三）年同地で死亡したあと、京都には落雷をはじめ天変地異・疫病の流行などが多く、それが道真の怨霊による祟りとされた。その祟りを畏れた政敵の藤原氏、朝廷が、その怨霊を鎮魂するために、道真は天神として京都の北野天満宮などに祀られた。死者である菅原道真を天神として甦らせたのは、敵である藤原氏、朝廷であった。祟りを畏れてその鎮魂のために神として祀る、御霊信仰的祭祀形態であった。

これまでみてきた近世の非先祖たち、たとえば、非業の死をとげた『東海道四谷怪談』のお岩がその怨みをもって生者に襲いかかっていたように、道真も落雷・疫病により敵に襲いかかっていた（と認識されていた）。このように、死者を祭神とする人格神は、ふつう御霊信仰的系譜のなかで、祟りを畏れた敵がその死者を人格神としてきた。しかし、初代将軍徳川家康が死して東照大権現となったのは、敵が彼を人格神としたのではない。その政治的権力の後継者がそれを実現していた。あえていえば、味方が家康を人格神としていた。みずからの権力の正当性のために、そこに絶対的な権威が求められたのである。そしてそれは、成仏して先祖となるのでもなく、非成仏のまま非先祖になるのでもなく（御霊信仰的死者の人格神はあえていえばこちらに属する）、死者の第三の形態としての神の形成であった。そしてそれは、死者の味方が意図的に創った政治的人格神であった。

味方が祀る政治的人格神

江戸幕府の初代将軍徳川家康が死んだのは一六一六（元和二）年である。静岡で亡くなった家康は最初久《く》能山《のうざん》東照宮に埋葬されたが、多くの研究によって明らかにされているように（辻善之助『日本仏教史　第八巻（近世篇之二）』、高柳光寿「日光廟の成立」『日本歴史』第六〇号、宮地直一『神道史序説』、北島正元「徳川家康の神格化について」『国史学』第九四号、曾根原理『神君家康の誕生』、野村玄「東照大権現号の創出と徳川秀忠」『日本歴史』第七六九号）、翌年朝廷から「神号」東照大権現を与えられ、日光東照宮に改葬され祀られることになった。「神号」東照大権現は、家康側近の天台宗僧侶天海《てんかい》により天台宗系の山王一実神道によっていたが、「東照」については、記紀神話における皇室の祖先神、天照大神に対して「東照」として、皇室に対して徳川家を日本の正当的な権威者とする意図であったという（菅原信海『神と仏のはざま』、三三～三四頁）。「大権現」については、権現の原義が「仮」の姿を意味しているので、本地垂迹説にもとづき、家康の本地である薬師如来が「大権現」として神となりあらわれていることを意味している（同、二七〜二九頁）。東照大権現の命名じたいが、薬師如来が大権現として神となり出現し、日本の統治権者の原点に位置することを表現していたのである。

『徳川実記』は、家康が久能山に埋葬される際にはその遺骸と棺を「尊体」「霊柩」というが（黒板勝美編『徳川実記　第二篇』、九五頁）、日光東照宮に改葬されるにあたり、「神号」東照大権現を請けたあとでは「神霊」「神柩」といっている（同、一二〇頁）。そして、この「神号」東照大権現によって神となった家康を祀る日光東照宮については、家康への傾倒が深かった三代将軍徳川家光により、寛永年間（一六二四〜一六四四年）に大造替が行なわれ、天海により真名本三巻・仮名本五巻合計八巻の『東照社縁起』が作成され（曾根原理『神君家康の誕生』、七三〜一二〇頁、野村玄『徳川家光』、一九九〜二〇四頁）、「神号」東照大権現の権威の源泉はその内実を整えることになる。

このように、江戸幕府の権力の正当性のために、家康は「神号」東照大権現として神となった。といっても、これには前史がある。一五九八（慶長三）年に死んだ豊臣秀吉が京都東山に埋葬され、翌年朝廷から吉田神道によった「神号」豊国大明神を請け、豊国神社に神として祀られた。これも豊臣政権の権威のためであったが、豊臣氏滅亡（一六一五年）後、棄却させられた。秀吉が豊国大明神となった経緯についてはすでに多くの研究が明らかにしており（宮地直一『神祇と国史』、千葉栄「豊国社成立の意義」『東洋大学紀要』第七輯、三鬼清一郎「豊国社の造営に関する一考察」『名古屋大学文学部研究論集』史学三三、北川央「神に祀られた秀吉と家康」『よみがえる中世　二』、河内将芳「豊国社の成立過程について」『ヒストリア』第六四号）、それらによって明らかにされてきたのは、その「神号」豊国大明神の「明神」号とは、天照大神を唯一神とする構想を持つ吉田神道によるものであったことである。

このように近世社会には、仏教が社会のすみずみにいたるまで浸透するとともに、いっぽうでは、権力の正当性のために政治的人格神を誕生させていた。それは御霊信仰的な人格神とは明らかに異なっていた。敵が祀るのではない。味方が、みずからの権力の裏づけのための権威の構築として、その初代を神としていたのである。

ケガレを忌避しない政治的人格神

そしてこの政治的人格神とされた死者の形態には、次のような二つの特徴があった。

ひとつは、死者を神として祀るという意味でケガレを忌避しない神の誕生であったことである。秀吉にせよ家康にせよ、その遺体じたいが、豊国神社・日光東照宮の最終的神体とされていた。たとえば、日光東照宮の社殿は次頁の写真のように鳥居の背後にあり、さらにその背後の奥院に家康の墓所がある。日光東照宮の神域の最終地点は、遺体という死のケガレ（穢れ）に満ちた存在であった。

もうひとつは、すでに述べたように、彼ら政治的人格神は、菅原道真のような敵が祀った御霊信仰的人格神ではなく、味方がみずからのために祀っていたことであった。もともと人格神は、怨みをのんで死んでいった死者に対して、死者の敵がその怨霊を鎮めるために祀られてきた。しかし、その祭祀形態を、秀吉と家康は逆転させていた。それにより絶対的な人格神として権力の正当性のために君臨するようになっていた。人格神の歴史からみても、秀吉・家康による政治的人格神の形成は、大きな転換であった。

もっとも、近世社会でも民間では御霊信仰的人格神は継続している。たとえば、佐渡奉行・江戸町奉行な

徳川家康墓所

日光東照宮社殿

どを歴任した根岸鎮衛《やすもり》が天明年間（一七八一〜一七八九年）から一八一四（文化一一）年までに実話・世間話などを書きとめた『耳袋』の巻の四では、次のような「痔《じ》の神と人の信仰おかしき事」という話を紹介している。江戸のある町に「痔の神」とされる小堂に参詣が絶えないという。これは、痔疾に苦しみ死んだある酒屋の手代が、日頃、「我死しなば、世の中の痔病の分は誓いて救うべし」と言っていて、死んだ。この手代が死後、「痔の神」として祀られ流行神となっているというのである（根岸鎮衛・鈴木棠三編注『耳袋1』、二八八〜二八九頁）。また、巻の八では、「霜幸大明神の事」として江戸牛込に痰《たん》疾治癒祈願の小祠があるとして次のようにいう。宝暦年間（一七五一〜一七六四年）の末頃に、幸左衛門とお霜という夫婦で、そろって痰疾に苦しむ夫婦があった。幸左衛門は死ぬときに、「さるにても痰ほど苦しき病はなし。我死して後、痰を愁うる人我を念ぜば、誓いて平癒なさしめん」、お霜も死ぬときに、「我も痰を愁うる人を平癒なさしめん」と言った。そこで、ある僧侶が霜幸大明神として小祠を建立したところ、参詣者が絶えないということである（根岸鎮衛・鈴木棠三編注『耳袋 2』、一三〇〜一三一頁）。持病に苦しんだ死者が、その病気のための秀吉の豊国大明神と同じ「大明神」として祀られている。

現在でもこうした人格神が継続しているばあいがある。一例だけみてみよう。上の写真は、山口県大島郡周防大島町にある大友大権現（大友様）と呼ばれる小祠である。これは一七七九（寛政一一）年斬首されたという大野友之丞という武士の頭部を祀ったのが由来とされ、「自分を信じて祈る者があるなら首から上の病は必ず癒してやる」と遺言があり、死後、祈願におとずれるものが多く、現在でも、その命日の三月二八日をはじめ毎月の二八日には参詣者が多い。頭部という遺体の一部が祭祀対象となっている。しかも、写真をみるとわかるように、この小祠はある寺院の境内墓地のなかにある。ケガレた遺体の一部を祭祀対象として、ケガレの空間のなかで、この大友大権現は、家康の東照大権現と同じ「大権現」となり神として祀られている。斬首された人物が祭祀対象であるから、非業の死をとげ明らかに御霊信仰的性格を持つが、それが、

大友大権現（山口県大島郡周防大島町）

政治的人格神としての徳川家康と同じ「大権現」となっている。

民間の御霊信仰的人格神における、神号「大明神」「大権現」の利用であった。政治的人格神である東照大権現・豊国大明神との混淆をおこしているといってよいかもしれない。

近現代の政治的人格神

このように、味方が祀る政治的人格神は現世の政治的権威のために、御霊信仰的人格神は病気治癒に代表される現世利益のために、死者が神となっていた。そして、この人格神は、ほんらい神および神道が死のケ

ガレを忌避するにもかかわらず、それを無視した（超越した）神であった。

こうした人格神の性格は、近現代における政治的人格神創出の社会的土壌を形成していないだろうか。

明治新政府の成立以降、アジア太平洋戦争敗戦まで、特定の死者を祭神とする政治性の高い神社の創建があった。たとえば、松陰《しょういん》神社・乃木神社・東郷神社、平安神宮・明治神宮、そしてなんといっても靖国神社である。松陰神社は、安政の大獄で一八五九（安政六）年刑死した吉田松陰の遺体を、一八六三（文久三）年に東京都世田谷区若林に埋葬し、一八八二（明治一五）年に社殿を造営した神社、乃木神社は一九一二（明治四五・大正元）年明治天皇の葬儀の日に自死した陸軍軍人乃木希典を祭神として、一九二三（大正一二）年東京都港区赤坂の旧邸横に創建された神社、東郷神社は、日露戦争日本海海戦（一九〇五年）の連合艦隊司令長官であった東郷平八郎が一九三四（昭和九）年に死去、一九四〇（昭和一五）年東京都渋谷区神宮前に彼を祭神として創建された神社である。明治神宮は、一九一二年に死去した明治天皇と一九一四（大正三）年に死去したその妻を祭神として、一九二〇（大正九）年東京都渋谷区代々木神園町に創建された神社、平安神宮は、平安京（京都）遷都一一〇〇年記念にその遷都時の桓武《かんむ》天皇（在位七八一～八〇六）を祭神として一八九五（明治二八）年京都府左京区岡崎西天王町に創建された神社である。これらのうち、松陰神社は吉田松陰の遺体を埋葬した横に社殿を造営し、そこにはその遺体を含めて維新期の死者が埋葬されている。神社であるにもかかわらずこれもケガレを忌避しない典型例といってよいだろう。

五　おわりに――靖国神社の土壌

「靖国問題」として政治問題となることも多い靖国神社は、近現代日本の戦死者などを祀る神社である。靖国神社の祭神とされる死者は、戦死者だけではなく、戦犯として処刑された人々、また、自衛官の殉職者も含まれている。靖国神社は、戊辰戦争などの明治維新の死者を祭神として一八六九（明治二）年東京招魂社として創建、一八七九（明治一二）年靖国神社と改称し現在に至る。もっとも、この靖国神社だけは、家康の日光東照宮・秀吉の豊国神社をはじめ、近現代のこうした神社の祭神が特定の死者ひとりであったのに対して、複数の死者を集団として合祀し祭神とする。靖国神社は、他の人格神と異なり、その複数祭祀（あるいは集合祭祀）であることにより、人格神のなかでもさらに特異な存在であるといってもよいかもしれない。靖国神社を含めてこれら近現代の政治的人格神も、それを祀るのは御霊信仰的人格神のように敵ではなく、味方であった。死者を神として、現世での政治が彼らを利用する形態の誕生であった。政治的人格神の形成も、仏教思想のように浄土への成仏を求めてはいない。それとは無関係に現世の神となる。

これについては、近世後期から幕末期以降の新宗教もそうであった。たとえば、金光教の川手文治郎には金神、天理教の中山みきには天理王命、といったように、教祖にはそれぞれのなんらかの神が憑依していた。その憑依によって教祖は生き神として人格神になり、仏教のような死後の浄土ではなく、現世の精神的救済を重視していた。

こうして、死者を祭神とする政治的人格神および御霊信仰的人格神にせよ、生き神の人格神にせよ、これらは、近世仏教による死者を浄土に成仏させる思想からの逆転の上で、政治利用を含めた現世利益、および、現世での救済を求める思想を形成させることになった。もっともこれらは、近世仏教が形成させた仏教的先祖崇拝を全面的に否定し消滅させるのではなく、現象的には並行して、近世社会から近現代社会にかけて増加していったと考えるべきであろう。そして、このように並行する宗教思想・現象は、現代日本社会に至るまでの大枠としておおむね継続しているように思われるのである。

参考文献

岩科小一郎『富士講の歴史』(名著出版、一九八三年)
神田秀雄『如来教の思想と信仰』(天理大学おやさと研究所、一九九〇年)
末木文美士『近世の仏教』(吉川弘文館、二〇一〇年)
辻善之助『日本仏教史　第九巻(近世篇之三)』(岩波書店、一九五四年)
安丸良夫「日本の近代化と民衆思想」(『日本史研究』第七八号・第七九号、一九六五年、『日本の近代化と民衆思想』青木書店、一九七四年所収)

第五章　平田国学と幽冥思想

——近世神道における死の主題化

遠藤　潤

一　はじめに

近世神道の教説や実践における特徴的な動きとして、死や死後を主題化して捉える思索が展開し、葬儀や霊祭などの実践に向けた諸活動が行われたことがある。

死に関する近世神道の展開として、中世末以来最も早い時期の動きは吉田家における当主を中心とした独自の葬儀（神葬祭）である。吉田家においては、実際の執行を重ねる中で、儀礼面については充実が図られたと考えられる。ただし、その適用範囲は限られており、また死や死後の思想的体系化という点では近世後期の展開から回顧すれば、十分なものではなかった。

神道説のうちに個人の死を位置づけるという点では、吉川惟足に独自のものがあることが指摘されているが(1)、社会的な広がりを考えると、重要な画期が垂加神道《すいかしんとう》にあることは誰もが認めることであろう。山崎闇斎《やまざきあんさい》（一六一八～一六八二）が行った、自身の心神を奉じて生祠を設けるという行為は、死後の問題にももちろん深く関わることであり、大局的に見るならば、近世神道の流れの中で、神の側の問題に対して、人の側の問題へと思索が展開し、その一環として死や死後の問題が論じられるようになったことを示すものと把握できる。

近世神道における死生観の問題を取り上げるなかで、必ずといってよいほど触れられるのは本居宣長《もとおりのりなが》（一七三〇～一八〇一）の「安心なき安心」であるが、同じ宣長が他方で世界像を描き出し、人の死後のゆくえについても論じていることにもここでは注目したい。宣長の考えるヨミは、もちろん仏教における極楽浄土のようにそれが死者に一定の救済を果たすようなものとして把握されてはいないが、実体的な形で死後のゆくえを考える動きとしては、近世神道の中では一つのできごとであったと判断される。

平田篤胤（一七七六〜一八四三）は、この宣長の世界像を批判的に継承する形で、死後の人の霊魂のあり方を世界像とともに把握しようとした。篤胤の死後世界のとらえ方について、私はこれまでさまざまな形で論じてきたが、(2)ここではそれらをふまえつつ、近世神道思想史における平田国学の幽冥思想の意味について考察したい。

二 『霊の真柱』の論じたもの

儒家の鬼神論と篤胤

篤胤にとって神や霊の世界は「実有」であった。それは初期の著書である『新鬼神論』（のちに版本『鬼神新論』となる）においてすでに明白である。子安宣邦は鬼神についての儒家の言説である「鬼神論」を論じた著書の中で、「鬼神論」をディスクールとしてとらえる視点を示し、それは「伝統社会における鬼神祭祀や民俗社会における鬼神信仰に、あるいは当代社会に規定的な影響を与えつつあるような異端的信仰に、儒家知識人の立場から多様に、否定的に肯定的に、あるいは解釈的に言及する言説」であるとした。(3)すなわち、社会の側に存在する現象に対してそれを語るディスクールとして儒家の鬼神論を把握している。これは、社会的事実あるいは現象としての鬼神は存在し、儒者はそれを自分たちの枠組みから語る、あるいは語り直し

平田篤胤肖像（渡邊刀水画　１軸、早稲田大学図書館所蔵）

ている、とパラフレーズできよう。子安は篤胤『新鬼神論』に触れ、篤胤は荻生徂徠が聖人が鬼神を制定したとすることを批判し、儒家の言説には鬼神を尊信する性情をもった民衆、あるいは鬼神の実有を前提にした民衆の信仰的習俗が先在しており、それにしたがってはじめて聖人は鬼神祭祀のあり方を制定したというべきだとの見方を示しているという。篤胤は、そのような構造をふまえて、儒家の言説にあらわれている民衆の信仰的習俗を根拠として、鬼神の実有を主張するのである。

このような『新鬼神論』のなかで、篤胤はその後の思想の展開にも重要な意味を持つひとつの方針を示す。それは「天」と「鬼神」をまとめて扱うというものである。儒学にいう「天」と「鬼神」について、篤胤はともに霊威があり「くしび」であるので、基本的にはまとめて「鬼神」とするとしている。ただし、論のなかで区別する必要がある場合は適宜指摘するという。

「鬼神」で一括して扱うという篤胤のとらえ方は、儒学の観点からは天と鬼神を区別しないことを意味するが、他方、神道説の文脈でいえば神と人の〈たま〉（以下、霊、魂、霊魂などを一括して〈たま〉と記す）を区別しないことでもある。この視点は、のち一八一二（文化九）年に成立し翌年に刊行される『霊《たま》の真柱《みはしら》』において神と死後の人の〈たま〉が赴く世界が同じ幽冥の世界だとされる、その前提になっている。(4)

「基本設計」としての『霊の真柱』

『霊の真柱』は、篤胤の幽冥観を示す著書として広く知られている。ただし、篤胤が生涯を通じて旺盛な著述活動を行い、内容的にみても特に主著『古史伝』が加筆や書き直しによって継続的に充実していったことを考えると、『霊の真柱』は篤胤の学問体系の初期の基本設計を示した書物と評価するのが妥当である。本書の内容については、私はすでにいくつかの論考で検討してきたが、ここでは、それらをふまえつつ新しい指摘を加えて、全体像を整理して示したい。

『霊の真柱』での篤胤の論は、世界観の点では、個人、国家、宇宙の各項を焦点として構成されている。すなわち、篤胤の主たる関心は、a．人間の死や死後の〈たま〉のゆくえについての関心、b．日本が国家として迎えた対外危機と軍事的対応への問題関心（さらには、その基本たる国家意識）、c．神によって天（太陽）・地（地球）・ヨミ（月）が生成するという宇宙論への関心からなっており、これら個人、国家、宇宙の三項が相互に関係づけられる形で論が展開していると考えることができる。(5)

このような世界観的構成のもと、篤胤は『霊の真柱』冒頭において、「古《いにし》へ学び」をするという最終目標のために次の順序での考究が必要であると説明する。すなわち、（一）天・地・ヨミの成立や様相を考察する。（二）そこでの神の功徳を熟知する。（三）日本や天皇が世界の中心である理由を理解する。（四）「〈たま〉の行方のしずまり」を知ることができる。（五）「大倭心《やまとごころ》」が固まる。（六）「古へ学び」が可能になる、というのである。先ほどあげたaからcの三項との関係でいえば、宇宙論が全体の前提を与え、（一）から（三）において宇宙論と国家の関わりが説明され、それを基礎に（四）〜（六）で人間の死や死後のゆくえが検討される。

『霊の真柱』の内容

それでは、論旨はどのように進展するのだろうか。私はおおよそ次の流れが中心をなしていると考える。まず、天つ神から人間に到る〈たま〉(霊＝玉)の継承が主張される。これは神から人間への連続性を確認するもので、その媒介として重要な意味を持つのが玉である。

諸天神、特にタカミスムヒ・カミムスヒの二柱のムスビの神から「たま」で飾られたヌボコを授かったことによって、イザナキ・イザナミはムスビの「みたま」を委ねられた。ヌボコはムスビの神の〈たま〉の力を帯びているため、漂っていたものを固め、国土へと生成させることができたのであり、そのヌボコは国の御柱、大地の中心とされた。このヌボコに最も近いところに位置しているのが「皇《すめら》大御国《おおみくに》」である日本であり、〈たま〉を伝えている天皇がその中心に存在する。このようにして、日本という国家は神の聖なる性質を継承しているのであり、ヌボコは〈たま〉(神霊)の「みはしら」なのである。このように神から人間への連続性が説明され、また宇宙論のなかで日本という国家の優位性が位置づけられた。

次に、神・人間の世界とヨミの国の厳しい区別あるいは隔離が説かれる。これは『霊の真柱』のいくつかの部分に分かれて論じられているが、ここでは集約した形で示す。

篤胤は、宇宙論のレベルでヨミについて次のように論じる。ヨミの国は「黄泉」ではなく、成立当初から大地に隔てられて天の光を受けずに暗い「夜見の国」である(6)。修理固成の段階では、天と地はすでに離れていた(『霊の真柱』第五図)。服部中庸《はっとりなかつね》が『三大考』で示した天・地・ヨミの生成過程に対して、生成の細かいプロセスにこだわって修正を加えているのは、このけがれたヨミと国家が接触していないことの証明のためであった。

また、イザナミの「神避《かむさ》り」について、篤胤は現身のままイザナキのもとを去って「下つ国」に赴くことであるとする。このことについて、宣長『古事記伝』は「神避り」は神の「御魂」が「御身」を去ると解するのは誤りだとするが[7]、これに対して、篤胤は『古史徴《こしちょう》』開題記で、この世をはじめる二柱の神が一方でも崩御することがあってはこの世は完成しないはずだとの理解から、記紀でイザナミが火の神を産んで崩御し、遺体は葬られて〈たま〉のみがヨミの国に行ったように記されていることに疑念を持っていたが、「鎮火祭の詞」でのカムロギ・カムロミの「太詞事」では、イザナミは出産のときに、イザナキに局部を見られることを恥じて、現身のまま「よもつ国」（ヨミの国）に赴いたとあるのを読んで、記紀の記述が不十分で、崩御ではなかったことを確信したとの旨を述べる。すなわち、イザナミの死後にその〈たま〉がヨミの国に行ったわけではないと考えるのである（『古史徴』一之巻春「開題記」）。

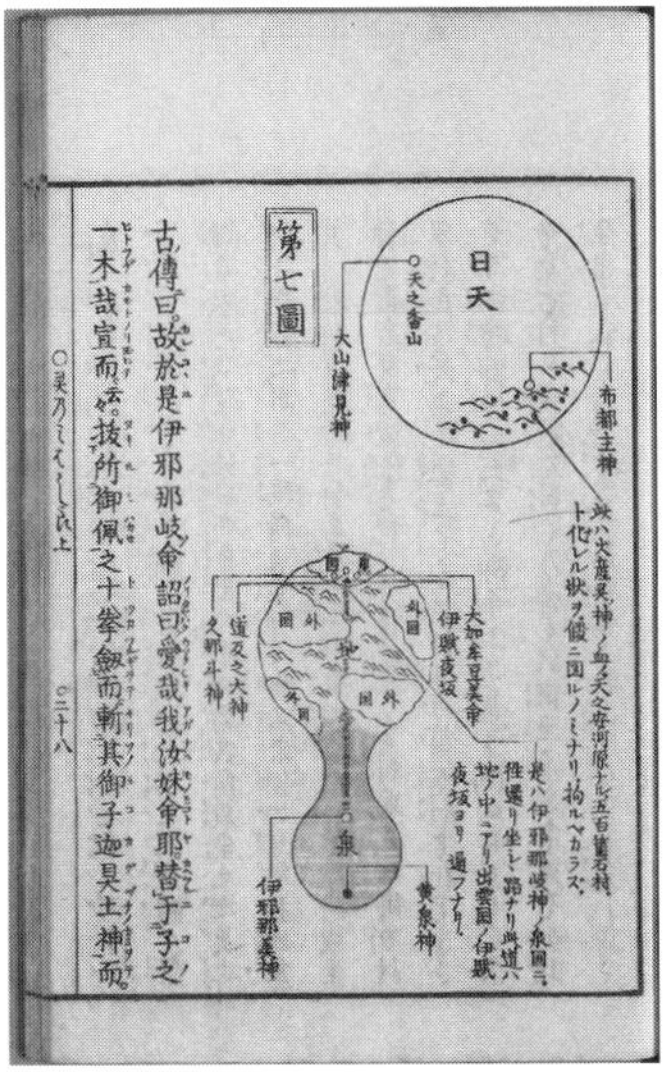

『霊能真柱』第七図（文化 10 年刊、国立国会図書館所蔵）

一般の人間の死後についても、次のように考える。人間は、神のムスビの〈たま〉によって、風・火・水・土の四種がむすばれ、それに〈たま〉が与えられて生まれる。そして死ぬと、水と土は亡骸となってあらわに残り、〈たま〉は、風と火に伴って去る。〈たま〉はその由来からすれば天に帰るはずであるが、それを示す事実や古伝はない。〈たま〉と分かれたあとの亡骸は穢いものとなって、やがてはヨミの国に属するものとなるが、死者の〈たま〉はヨミの国へは行かない。

篤胤はこのように、われわれの生きている国土は成立の時点でけがれたヨミの国とは厳密に区別されており、また神や死後の人間の〈たま〉もヨミとは隔絶した領域に存在していると考える。『霊の真柱』の冒頭に、『古事記』でイザナキとイザナミの絶縁のときに間に置かれた「千引の石」を掲出して、古学の学徒が「大倭心」を鎮めるためにはそれを固めることが必要だと述べ、さらにヨミの国を指す「穢《きたな》き底の国方《くにべ》の国」から、大八洲以外の「潮沫の成れる国々」がうとましい荒々しい振る舞いをしかけてきたという説を全面的に否定しているのは、単に古伝にちなんだ文飾を施しているというのではなく、日本がヨミの国とは断絶しているという篤胤の根底的信念の強さを示している。篤胤にとって、ヨミの国との隔絶は、宇宙・国家・個人の各次元にわたって重要な意味を持っているのである。

神や人間が、ヨミの国とは離れた場に存在するとすれば、その所在の場所が問題となる。特に、天に上らなかった神や死後の人間の〈たま〉の居場所は、ヨミの国以外のどこかに考えられなければならない。篤胤の答えは〈見えない世界〉である。すなわち、〈地〉なる世界が見える世界と見えない世界からなるという枠組みを「古伝」にもとづいて確認したのである。〈世界が、見える世界と見えない世界からなる〉というモチーフは、古くから、また世界各地で見られるものであり、その点では篤胤の発想はことさら評価されるものではない。しかし、神や人間の死後の〈たま〉の所在地をヨミの国以外に求める場合に一定の説得力や有効性を発揮したこと、さらには、日本において視覚を重視した合理的世界観が優勢になっていく局面であらためて前面に登場して、霊威的次元の知の領域をしばらくのあいだ確保することを可能にしたことの意義は決して軽くない。

以上のように、篤胤は『霊の真柱』において、個人・国家・宇宙を相互に関わらせる形で、〈たま〉（玉＝たましい）を媒介として神の聖性が国土や人間に伝えられたこと、国土や人間は、終始ヨミの国とは隔離されていること、この地上世界は、見える世界と見えない世界からなっており、神や死後の人間の〈たま〉は見えない世界に存在することを主張したのであった。そのような文脈において、死後の〈たま〉のゆくえは篤胤にとって日本という国家のあり方にも根本的なところで関わる問題だったのである。

三　『古史伝』での展開――ヨミの国を中心として

主著『古史伝』におけるヨミの国

『霊の真柱』で論じられた死後の問題は、その後の主著『古史伝』でどのように論じられたのだろうか。『古史伝』については、篤胤や後継者たちによる加筆訂正が加えられた稿本が残されており、その内容からは篤胤や気吹舎における思想形成を追うことが可能であるが、ここでは版本の内容によって、その刊行段階での篤胤の考えを検討したい(8)。

『古史伝』のなかで篤胤は常世国についてとりあげる。篤胤によれば、「常世国」とは固有名詞ではなく、「ただ何方にまれ、此の皇国を遥かに隔たり離れて、たやすく往き復ひがたき処」を広くいう名前であり、後に、人の死ぬことを「常世国に行く」といった例もあるという（『古史伝』第九四段、『新修平田篤胤全集』

二、四一二頁）。

『霊の真柱』でも論じていたヨミの国についてはどうだろうか。「よみつ国」について、篤胤は「汚穢《きたな》き国」であるとするが、その一方で、人間の生まれることをはじめとして、世の中のありとあらゆるものは、根をこのきたないもので養っている、という事実を指摘する。ここには、大地を養う「幽《ふか》き理」があるのではないかという論点を提示するが、この点については後人の課題として残し、自身は論じないままにしている（『古史伝』第三段、『新修平田篤胤全集』一、一三六頁）。

それでは次に、イザナミがヨミの国に赴いた局面についての篤胤の理解を、ことの時系列に沿って整理したい。

イザナミは、今回の出産のありさまが尋常ではないことを予測し、それをイザナキに見せないために、伊布夜坂の石屋にかたく閉じこもっていた。篤胤によれば、伊布夜坂はヨミのひら坂のことで、その地は「大地の中に入らむとする際」である。イザナキには七日七夜見ないように申し伝えてあった。

イザナミは火を生み、これは世の中で初めての火であった。この火とともにホムスビが生まれ出て、この神の体は火であったのでイザナミは局部を焼かれた。ちなみに、ここで昼と夜があるということは、火の神も産まず、アマテラスも存在しない段階のことであるので、すでに萌えあがって天となったものが「澄明」であることがわかる。

イザナキは、イザナミから言われた禁の期間を守らずにイザナミの姿を見てしまった。そのときにイザナミは、再度火を産んだ。これは後産および経水である。このように、イザナミの産んだ火は二種で、先に産んだ火は清浄な火であり、後に産んだ火はきたない火で、ヨミの国の火はこれを始まりとする。

イザナミはイザナキに対して、禁を破って見たことについて恨みを込めた言葉を述べた上で、あなたは上つ国（この国土）を、私は下つ国（ヨミの国）を治めるようにと言って、また石屋に籠もった。イザナミは、イザナキに対して恥ずかしくかつ恨みも抱いたので、同じ国土で二度と顔を合わせないために、ヨミの国に行ったのである。

イザナミはヨミの国に向かうが、ヨミのひら坂まで至ったところで、上つ国に生み置いてきた火の神が荒びてまがごとを起こすといけないと考え、もと住んでいた所に引き返して、さらに水の神や土の神を産んだ。イザナミはホムスビを産んだことを原因として、ついに「神避り」、すなわち下つ国に戻った。(9)

イザナキは、「生坐る国」を造り終えていないことを嘆き、また愛する心も忍ぶことができず、追って「よもつ国」（＝下つ国）に行き、イザナミに戻ってくるように言った。イザナミはよもつ神と相談するので見ないようにと念を押して殿内に入ったが、イザナキはここでも禁を破って見てしまい、その光景にきたない国に来てしまったと述べて逃げ帰った。イザナキは千引きの岩で坂道をふさぎ、両者は岩を挟んで決別の言葉を交わしたのである。

『古事記』の記述と比較して、篤胤のここでの説明は大幅に異なっている。主要な点は以下のように要約できる。今回の出産に際して、当初から石屋に籠っている。その場所もヨミの平坂であるとする。火に関しては、最初に産んだ火とホムスビを区別しており、また、イザナミの産んだ火に、清浄な火とけがれた火の二種を認める。区別されるのは火だけではなく、イザナミはイザナキの違約を理由に、上つ国と下つ国の分掌を定めている。その後、イザナミは『古事記』にはない、下つ国と上つ国の間の往復を行った。(10)

これらが意味することは、上つ国（＝この国土）とケガレを厳格に区別することであり、火についてもこの国土で用いる火とヨミの国の火を別個のものとすることである。この国土の火は最初に産まれた火である清浄な火に由来し、イザナミが下つ国に赴く原因となったのは、それとは区別されたホムスビである。そして、ヨミの国の火は二度目に産まれたけがれた火である。火を産んだ後に産んだ神については、その場所が上つ国であるとして、ヨミの国のケガレからは隔たったものとして把握される。

このように、篤胤はこの国土とヨミの国のケガレを潔癖なまでに隔離して考える。篤胤によれば両領域間の往来はオオクニヌシを最後としてなくなる。具体的には次のように説明する。

上の国（「上つ国」）を統治するイザナキと下の国を統治するイザナミが互いに誓って定めたので、オオクニヌシが往復した後は、かの国とこの国の往来は止み、神も人も、うつし身はいうまでもなく、霊も往来がなくなったのは、イザナキのとても尊い神慮である。にもかかわらず、中世以来、人が死ぬとその〈たま〉がヨミの国に帰るという説があるのは、神代の事実をよく知らず、またイザナキの神慮に思わない誤りである（『古史伝』第二二段、『新修平田篤胤全集』一、三二三〜三二四頁）。

以上見てきたように、この国土が清浄であることと、死者の〈たま〉がけがれたヨミの国に行かないことが、根本的に深く結びついている。そして、この国土にある死者の〈たま〉は、すでに『霊の真柱』で明確に定位したように、見えない世界に存在しているのである。

オオクニヌシによる死後裁判

『古史伝』では、このような理解を前提として、『霊の真柱』では見られなかったオオクニヌシによる死後裁判に関する説明がなされる。その要旨は次の通りである。人のまごころ（性）は、ムスビの大神の〈たま〉（霊性）を分け与えたものであり、もとよりうるわしいものである。現世では、妖神・邪鬼のような存在がおり、人の心に潜入して、うるわしいまごころの外によこしまな心をつけ、悪行を勧める。人は、このことを悟らず、反省して改めず、悪行が露顕している場合は君上が誅する。ただし、君上はどれほど聡明でも現世人なので、人の幽に思う心はいうまでもなく、悪行もあらわに知られなければ制止できず、善心・善行も露顕していなければ賞することができない。幽冥事をつかさどる大神は、これらをよく見通して現世の報いを与え、幽冥に入る人の〈たま〉（「霊神」）の善悪を取り調べ判じ、ムスビの大神の言いつけたまごころに背いた「罪犯し」を罰し、まごころのままに勉めて善行があれば賞する。そもそもこの世は人の善悪を試し定めるために、しばらく生かす仮の世であり、幽世《かくりよ》こそ人の本の世である。冥府は、このうつし国（顕国）の外に別の場所としてあるのではなく、このうつし国の内に、どこであれ神のみかどを設けて政が行われている。そのもとのみかどは出雲大社である。篤胤はこのように説明する。

篤胤は、この世の人の生がヨミの国と隔絶していることを主張するに際して、その根拠となる出発点において、ケガレおよびそれに由来する悪とは無縁だと理解しているように思われる。このような構図のもと、悪は、妖神・邪鬼など外部から付与されたよこしまな心による行いとして現れる。そして、善悪は、この世から見えない幽世のオオクニヌシから見通されており、死後の裁判によって評価されるのである。

四　葬儀と先祖祭祀に関する展開

『玉襷』における先祖祭祀論

これまで説明してきたような死後世界の理解を前提として、篤胤は『玉襷《たまだすき》』全一〇巻の最終巻において、先祖祭祀について主題としてとりあげて論じている。篤胤のまとまった先祖祭祀論として、この箇所の内容について説明したい。

『玉襷』は、篤胤が定めた毎朝の神拝式に関する解説書である。神拝式そのものは『毎朝神拝詞記《まいちょうしんぱいしき》』という独立した書物にもなっている。神拝式は神を拝する順序にしたがって配列し、それぞれに祝詞を付しているが、この最後に先祖が配されている。『玉襷』は一八二四（文政七）年の草稿改訂を経て一八二八年から刊行が開始されるが、先祖祭祀の部分は、篤胤も思うところがあって改訂の際にももとのままおかれて、長い間刊行されなかった。維新後、門人の強い希望を受けて平田銕胤《かねたね》が草稿のまま刊行した。そのため、版本『玉襷』全体を通読した際にも第一〇巻は口語的な表現を多く残しているなど、他の巻との違いは如実である。

先祖祭祀を理解するために、篤胤が第一に重視するのは人の〈たま〉のあり方である。篤胤によれば、死後の人の〈たま〉は、まつるところに必ず存在する。また、顕と幽の隔てがあって、生きている人からは死後の〈たま〉は見られないが、〈たま〉からは生きている人々が見えている、と述べて、『霊の真柱』ですでに示していた考えに立脚する。その上で、先祖祭祀と神祇信仰の関係については、人が親に対して孝行すること、他人に忠義を尽くすこと、先祖を大切にし先祖祭祀を行うこと、神祇を崇敬することが互いに相通じるものと説く。神をまつる人は「神主」であるが、人は先祖祭祀において、「神主」となってまつる心構えが必要だとする。また、先祖祭祀の原型ないし模範を天皇による皇祖神祭祀に求めている。代々の天皇は自身がまさに神であるとともに、先祖の〈たま〉（神霊）を崇敬したのであり、儒教・仏教が渡来してから天皇による先祖祭祀が自然と粗略になってきたのはたいへん嘆かわしいことだが、親・先祖の霊前を粗略にして現在の父母に孝養を尽くさないということはこれまでないという。

先祖を神の配列の最後に位置づけている点に、『毎朝神拝詞記』やこの『玉襷』の重要な特徴のひとつがあるのだが、先祖が神であるかどうかという点について、『玉襷』のこの箇所を読む限り明瞭には説明されていない。『古史伝』第三巻では、イザナキ・イザナミが「八百万神」を生んだという伝は「青人草」の始めの祖神を生んだことを指していると説明しており、また『出定笑語《しゅつじょうしょうご》附録《ふろく》』では、天皇や将軍家はわれわれの本家であり、われわれは分家であるという記述が見られるが、篤胤が厳密な意味で先祖を神としているか、ひいては人間を神や神の子孫としているか、確実ではない。

こうした記述のあと、篤胤は「霊前」の作法や忌日の墓参など、具体的な方法について説明している。なかでも僧侶による年忌法要を批判している点は注目に値する。篤胤は、年忌法要に僧侶が介在する必要はなく、法制的にも僧侶への依頼は義務づけられていないと述べ、僧侶に対抗する具体的な論法まで指南し、自家の先祖祭は仏教ではない方法でおこなっているという。実際、篤胤が門人の作成した「霊祭祝詞」や「先祖霊祭祝詞」などの添削をおこなっていたことが知られている。

霊祭と葬儀

今日、神道の葬祭を総称して「神葬祭」と呼ぶが、近世社会においては葬儀と霊祭（年祭）では政治的・社会的困難さが大きく異なっていた。神道の方法による葬儀よりは、霊祭のほうが実現可能性は高かった。右の篤胤の指摘も、このような状況を把握した上でのものであり、気吹舎《いぶきのや》の門人たちの間には霊祭を神道の形式で行った人々が登場した。

ところで、平田家における霊祭はどのような形式で展開したのだろうか。『玉襷』には自分の家では七月の「仏道」による霊祭をやめて、まごころにもとづく霊祭をすることとしたとある。ただ、記録の上で霊祭が確認できるのは主として篤胤の没後となる。篤胤は一八四三（天保一四）年に亡くなったが、篤胤に対して、一八四五（弘化二）年に白川家から「神霊能真柱大人《かむたまのみはしらうし》」という霊神号が授与され、一八五三（嘉永六）年には先祖に対して、また翌年には二人の妻に対して、それぞれ霊神号が授与された。これらに伴い、平田家のなかでの霊祭は神に対するそれとして確立されたと考えられる。

他方、葬儀に関して平田国学ではどのような展開があっただろうか。『玉襷』の草稿段階では第一〇巻末尾に、神葬に関する記載があったようだが、前述のように同巻は維新後まで刊行されず、また一八七一（明治四）年の刊行にあたって養子の銕胤はそれらの記事を「今は不用と成れる」と判断して削除しており、われわれの目に触れることはなかった。

平田門人による神葬祭の実践と学問

ただ、門人のうち神職を中心として、神葬祭実現に向けて動きを起こした人々があった。なかでも活発な動きを見せたのは三河の平田門人および関係の神職であった。

三河国豊橋の羽田八幡宮の神職で一八二七（文政一〇）年に平田篤胤に入門していた羽田野敬雄《はだのたかお》（一七九八〜一八八二）は、一八三八（天保九）年八月、同じく神職だった父敬道の葬儀を神葬祭で行った。翌年には吉田家から敬道に対する霊神号の許状を授与されている。

一八四二年から、三河国宝飯郡一宮村の砥鹿神社神主であった草鹿砥宣輝と豊川妙厳寺との間で離檀問題が起こった。宣輝の子で、敬雄と親交があり平田門人であった草鹿砥宣隆《くさかどのぶたか》（一八一八〜一八六九）は、この離檀について父とともに活動した。

このようななか、羽田野敬雄は、当時定式のなかった神葬祭について、作法を確定させる目的もあって、一八四四年一一月から一二月にかけて、気吹舎所蔵の「葬喪記」、「鹿島神官葬祭記」、小川地喜治（自筆本）「早懸之次第」、「山崎垂加流神道葬礼式」を写して、のち他に写した諸資料とともに「神葬式類集」にまとめた。またケガレについては、一八三五（天保六）年に「触穢私考」の初稿が成立していたが、敬雄はその後随時書き入れを行っていた。書き入れが多くなったため、一八四六（弘化三）年には写し直して再稿本としている。

一八五四年（嘉永七）四月、草鹿砥宣隆は神葬祭について出訴し、九月に当主・嫡子に対して認められた（「万歳書留控」（第五冊）一八五七年、三一二頁）。一〇年以上の歳月を経て離檀問題が解決し、神葬祭が実現したのである。さらに、一八五六（安政三）年一二月には敬雄ら三河国の神職八名が神葬祭を願い出て、翌年六月に檀那寺からの離檀と神葬祭を認められた（「万歳書留」三一二、三一四頁）。

草鹿砥宣隆は、古風の葬送は伝わっておらず、これまで「神道葬祭」とされて諸家に伝えられる葬法も儒学のそれを踏まえて近年に作られたものだという認識に立ち、離檀問題のかたわら自ら諸家の葬祭説を収集していた。離檀に際していよいよ具体的な葬法を固めることが切実な課題となり、葬法についてこれまで知り得たことや考えたことを一八五七（安政四）年五月、「和漢習合葬祭記略」と「祠堂祭儀」の二冊の書物にまとめ、敬雄ら「同志」の意見を求めた。

敬雄は同月末に両書を写し終え、「和漢習合葬祭記略」の写本には朱を加え終え、交流のあった鈴木重友（遠江国一宮小国神社神主）と林美香（尾張国熱田神社神官）に送って「異見」を乞い、竹尾正胤（尾張国額田郡舞木八幡宮神主）にも見せた。これに対して、林美香は同年に「熱田神宮葬礼之記」を著して宣隆に送り、これを敬雄らは写した。

一八五八年四月、敬雄は、宣隆の「和漢習合葬祭記略」と「祠堂祭儀」への各人の「異見」（伊勢外宮神職の御巫清直が敬雄に手紙で知らせたものも含む）をそれぞれ一冊にまとめて「葬祭記略批評」「祠堂祭儀押紙」とした（のちに合本）。

この後も神葬祭に関する学習は続き、一八六一（文久元）年に敬雄は、荒木田末寿《すえほぎ》「伊勢内宮方神境早懸略記」（「速懸略記」、八羽光穂の蔵本）や玉木正英（口授）・岡田正利（筆記）の「山崎垂加流神道葬礼式」（のち「神葬式類集」にまとめる）を写すなどした。

もちろん、神葬に関連して〈たま〉について思索をめぐらしたのは、平田国学のみではなく、神道諸家にもいくつも見られたものである。

〈たま〉の帰趨については、例えば、吉川惟足（一六一六〜一六九五）「喪祭略式」（國學院大學日本文化研究所編『神葬祭資料集成』所収）の呪文によれば、死後の〈たま〉は高天原に帰る。(11)また、吉見《よしみ》幸和《よしかず》（一六七三～一七六一）「吉見家葬祭略式」では、死者の陽魂は天に昇り、陰魂は地に帰るという。天は一円相、鏡も一円相で、〈たま〉が天にあるのは鏡にあるのと同じである。ゆえに祖先の〈たま〉をある鏡のなかにまつるならば、〈たま〉も感格するとされる。さらに幸和によれば、死者の〈たま〉は、葬儀では「仮の祠壇」に移され、一年後に儀礼を行って祖先と同じ鏡に移し、祖先の〈たま〉と一体となる。

また、松岡《まつおか》雄淵《おぶち》（一七〇一～一七八三）には「みたまうつし」をヨミと関係づけた説明も見られる。雄淵は「神道葬祭記」（前掲『神葬祭資料集成』所収）において、人は「神となりて永くこの国に留まりて、天地のあらん限りは存在して、その霊魂　天子の御垣を守り、子孫繁栄の守護神となること」が「神道生死の極意」であると記す。その葬儀の式次第では、みたまうつしを生気のあるうちにおこなう「生前遷霊の儀」が行われる（「解題」前掲『神葬祭資料集成』）。雄淵によれば、俗にいう「枕返し」は『日本書紀』神代巻（第五段一書第六）における「よもつへぐひ」であり、これをする前にみたまうつしをしなければならないという。これには、〈たま〉がヨミに属することを避ける意味があると考えられる。

このように、神葬の説明に際して〈たま〉や死後のあり方にも言及したものは平田国学以前の神道諸家にもみえるが、実際の儀式の内容を包括的に定めるためには、いずれも不十分であった。

宣隆や敬雄らによる神葬祭をめぐる議論は、このような儀式の細部を確かな思想的根拠を確認しながら確定していこうとするものであった。「和漢習合葬祭記略」では、冒頭で、病者が息が絶えても入棺までは枕を直さないように、としているが、これは雄淵に論のあった「枕返し」と同様の意味をふまえたものであろう。神葬に榊を用いることについては意見が分かれており、宣隆は榊は神をまつる具なので葬儀には用いないほうがよいのだろうかと当惑を示し、これに対して敬雄は吉田家の式次第に榊を用いる規定があるのでこれにしたがって用いるべきだろうと述べ、また鈴木重友は、人は死ぬと〈たま〉はすぐに神になるのだから葬式といっても神の祭りに準じてしかるべきだとする。また、霊璽への遷霊については、式次第の本文には明示されないが、注記では、病人が息絶えた時点で即座に霊気をしかるべき品に移してたまやに安置し、葬送には霊璽を伴行しないのがよいとする説があることを示す。このように、必ずしも確定的な説は定まらないが、諸論に関する意見をふまえて決定された作法が示されている。

敬雄「触穢私考」と宣隆「葬祭記略 同批評／祠堂祭儀 同批評／合本」の二書はともに、近代になって神葬の式次第制定が具体的に検討される際にも、当事者の間で重要な先行研究として扱われた。敬雄らの考察は、近代初頭の、政府による式次第制定の必要に迫られた神葬研究にとって重要な前提となったのである。

五　近代初頭の霊魂と死後世界——ヨミの国論争

明治初年の神道政策と平田国学

維新後に、短期間ではあるが、平田派国学者が明治国家の宗教・神道政策に強い影響力を及ぼした時期があった。キリスト教禁制の維持が困難になるなかで新たな対策の意味もあって一八六九（明治二）年七月に政府に宣教使が設置され、翌年七月に大教宣布の詔が下されて「惟神之大道」を宣布することとなった。この宣教使では教諭内容の綱領が定められた。当初、小野述信《のぶざね》が中心となって定めた「神教要旨」には、「天神天祖」が天地万物を主宰するとした上で、「人ハ万物ノ霊ニシテ、魂ハ神ノ賦与スル所、死スレバ則チ其ノ本ニ復帰ス、以テ死生ニタガハズ、唯神ニ是頼ル所以ナリ」とある。ここでは、人の〈たま〉は「天神天祖」が賦与し、死後はこの神のもとに戻るとされている。

一八七〇年三月に開始された長崎でのキリシタン教諭のために、「神魂帰着」（〈たま〉の帰着）の内容があらためて定められたが、これをふまえて七月以降に『神魂大旨《しんこんたいし》』が刊行された。

この『神魂大旨』では、神や人、万物の〈たま〉は全てムスビの神が賦与したものであり、〈たま〉にとって本来の世界は「幽」であって、なかでも天が「本所」（本来の居場所）であるとされる。〈たま〉は天に帰るが、善悪や邪正の行いによって帰着すべき場所も種々変わる。人は「顕世」では天皇・朝廷の統治を受けるが、「幽」ではムスビの神が政治をつかさどっている。天つ神の教えにしたがい、世に功のあったものは生きて朝廷の褒賞を受け、死後はオオクニヌシの賞を受けて天に帰る。神の教えに違背し、法令を犯し悪業を行ったものは、オオクニヌシの冥府で罰を受け、場合によってはヨミの国に追われる。

宣教使で「神魂帰着」が定められた際に、平田延胤が両親宛の書簡で全て篤胤の説の通りと評価していることから、この時期の銕胤・延胤らは『神魂大旨』に示された〈たま〉のあり方を承認していたと判断される。

宣教使における「黄泉国論争」

この年六月の段階における宣教使での課題は、（一）高天原、（二）ヨミの国、（三）「無上至尊ノ神」はどの神か、（四）常世の国、（五）天津祝詞、（六）「年回終焉日祭祀」（いわゆる年忌）、の六項目だった。これら

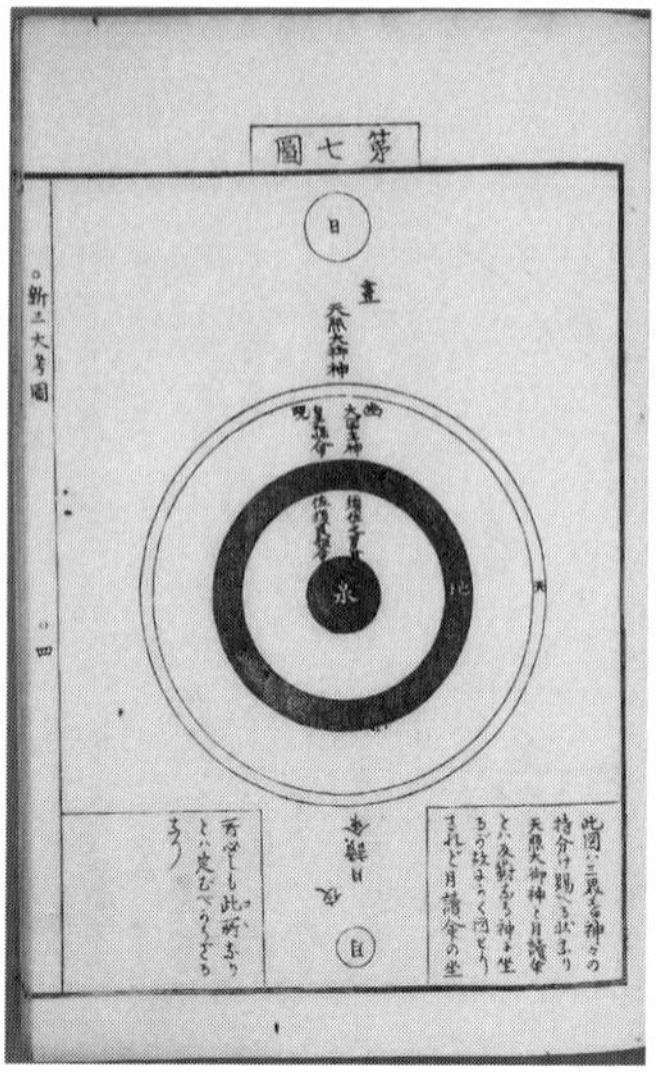

地胎説の図（落合真澄『新三大考』、早稲田大学図書館所蔵）

のうち、（二）ヨミの国と（五）天津祝詞は宣教使の博士や講義生の間で意見が大きく割れていた。

ヨミについては、篤胤説にしたがってヨミを月とする意見と、月であるとともに地中に存在するという意見（地胎説）があった。そもそも、地胎説は服部中庸が『三大考』の前段階の草案で示した考え方で、宣長がこれを修正したため、『三大考』では「ヨミ＝月」説となった。篤胤は「ヨミ＝月」説に依拠しており、また宣長の後継者たちは『三大考』の論を批判していたことなどもあって、地胎説は忘却されていた。

ところが、一八六四（慶応二）年に落合直澄が『三大考後弁』（別名『今説弁』巻一）を刊行して地胎説を主張し、これを契機として地胎説が再度浮上してきた。宣教使の会議では六月にいったん大半がヨミを月とする説を承認したが、七月末になって宣教使において西川吉輔と渡辺玄包《はるかね》が地胎説を主張し、福羽美静《ふくばよししず》と石《いし》河《こ》正養《まかい》が同調した。鉄胤・延胤や矢野玄道《はるみち》ら気吹舎の中枢はこれを問題視したが問題は収束せず、けっきょく同年九月に鉄胤が延胤に対して、ヨミの国の問題はこれ以上つきつめないよう指示するにいたる。

こうした論争は、「惟神之大道」の宣布内容を確定しようとする際に、従来の「惟神」に関する諸説が一元化されていなかったことを示しているが、平田国学にとっては、その教説の根幹に関わる重要な問題を意味していた。すなわち、平田国学では日本という国家の問題と人間の〈たま〉のあり方の必然的結びつきを根底的に支えるコスモロジーのなかでも、ヨミはケガレの問題と深く関わっており、ムスビからたまわる〈たま〉がケガレから区別されるためにも、ヨミの位置や存在場所は譲れない要所だったのである。

六　おわりに

以上、篤胤の所説から始めて、平田国学における幽冥思想および死後のとらえ方について、いくつか特徴的な面を見てきた。

篤胤は『霊の真柱』において、宣長によるムスビの神の考えを基本的に踏襲して、生きとし生けるものの生の成立を考えた。すなわち、天つ神、なかでもムスビの神の〈たま〉は、ヌボコに付された玉を媒介として日本の国土に、さらにはそこに生きる万物に継承されたと考えられた。他方、ヨミの国はけがれた国であって、世界が天・地・ヨミの三つからなるとする把握のなかで、天・地とは隔離された領域として考えられていた。そして、死者の〈たま〉はヨミには赴かず、見える世界と見えない世界からなる地上世界のうち、見えない世界に存在するとされた。国土は神の〈たま〉の稜威を帯びており、他方で空間的に隔絶していることでヨミに由来するケガレを免れていること、また、人間の〈たま〉も神のそれに由来し、死後はヨミに行かず、見える世界と見えない世界からなるこの地上世界のなかで、見えない世界に存在することが主張され、ムスビの力が貫かれていることとヨミの影響を受けないことの両方によって、国土や人々の清浄さや聖性が保証された。

『古史伝』では、『霊の真柱』でも重要な意味を持っていたイザナミの「神避り」について、記紀に対して鎮火祭祝詞による記述を重視しながら、前後を含む「神避り」時のイザナミの一連の行為によって、天や国土がいかにヨミの国のケガレとは隔離されていたかということが主張された。また、死後の〈たま〉のゆくえの多様性は、オオクニヌシによる審判で説明された。

また、実際の神拝方法を定めた『玉襷』では、先祖祭祀が全国諸神への拝礼のあとに付されるなどした。死の神道的理解が現実的な問題となった重要な局面の一つは、神職による離檀の実現と神葬祭の執行であった。三河地方で羽田野敬雄や草鹿砥宣隆らが直面したのはそのような事態で、一方で神職が寺院の檀家たる位置を離れることの制度的正当性を立証する必要に直面するとともに、従前の神葬の式次第が整っていなかったため、しかるべき式次第制定のためにも典拠たる文献や先例について、交友のあった神職のあいだで組織的に学ぶということが行われた。このなかで焦点を結んだ葬儀式は、暫定的な措置を含むものの、一定の定式となり、ここでの学問内容が近代初頭の政府にとっても重要な意味を持った。また、具体的な式のなかでは、〈たま〉のケガレを回避する方法にも注意が払われていた。

明治初年の宣教使では、〈たま〉の由来やゆくえ、ヨミの国の位置など、幽冥思想や神道の死生観に深く関わる問題が論じられ、ヨミの国については地胎説の再登場と支持者の意外な多さが波紋を呼び、これらについては一定の説へとまとまることはなかった。篤胤の教説では、〈たま〉を焦点としつつコスモロジーが構築されていること、またそのコスモロジーのなかでケガレの源であるヨミが定位されていること、〈たま〉の性質は、〈たま〉の由来がムスビにあることとヨミから隔絶されていることの両者に支えられて定められていること、これらによって、〈たま〉やヨミの問題が世界理解の根源の重要な部分をなしていた。右のような宣教使における波紋の大きさは、この構造をおのずから示すものとなったのである。

（1）吉川惟足の死生観については、高橋美由紀「吉川惟足の死生観」（『神道思想史研究』ぺりかん社、二〇一三年）が詳細に論じている。

（2）遠藤潤『平田国学と近世社会』（ぺりかん社、二〇〇八年）、同「平田国学における〈霊的なもの〉――霊魂とコスモロジーの近代」（鶴岡賀雄・深澤英隆編『スピリチュアリティの宗教史』下、リトン、二〇一二年所収）、同（口頭発表）「平田派国学者と神葬祭運動――気吹舎と羽田野敬雄」（日本宗教学会第六四回学術大会、二〇〇五年）、同（口頭発表）「神葬祭運動と情報収集――三河国平田国学者における」（日本宗教学会第六七回学術大会、二〇〇八年）など。

（3）子安宣邦『鬼神論――儒家知識人のディスクール』（福武書店、一九九二年）、二九頁。

（4）このような点に関連して、吉田麻子は「「鬼神新論」における人と神々」（『知の共鳴――平田篤胤をめぐる書物の社会史』ぺりかん社、二〇一二年）において、松本三之介『国学政治思想の研究』（有斐閣、一九五七年）や田原嗣郎『平田篤胤』（吉川弘文館、一九六三年）などで示される〈善悪二元だった神が、篤胤において一元化された〉という通説的見解について、『鬼神新論』の内容を検討することで見直しをはかり、篤胤は「宣長が示していたはっきりとした善悪二元の神を、篤胤は多元化し、どちらにも転び得る人間的な性質を与え、より渾沌とした神々の世界に包まれた人の世というものを示したということではないのか」との見方を示している。神の性格をどのようにとらえるかという問題も、もちろん神と人の関係に深く関わっている。

（5）『霊の真柱』におけるaの重要性について論じた早い時期のものとして、子安宣邦「平田篤胤の世界」（『日本の名著　平田篤胤・佐藤信淵・鈴木雅之』中央公論社、一九七二年）を、またaとbの関係について、近年主題化したものとして宮地正人「伊吹廼舎と四千の門弟たち」（『別冊太陽　知のネットワークの先駆者 平田篤胤』平凡社、二〇〇四年）をそれぞれあげることができる。

（6）『霊の真柱』第四図（『日本思想大系50　平田篤胤　伴信友　大国隆正』岩波書店、一九七三年）、二五頁。

（7）本居宣長『古事記伝』五之巻（『本居宣長全集』九）、二二二頁。また、田原嗣郎による『霊の真柱』の注釈を参照（前掲『日本思想大系50　平田篤胤　伴信友　大国隆正』、四〇頁）。

（8）『古史伝』の版本については、『新修平田篤胤全集』第一巻～第四巻（名著出版、一九七七年）までに翻刻がある。適宜、通行の版本『古史伝』と照合しつつ、この翻刻を用いることとする。

（9）篤胤は、「神避り」は、単に下の国（「下つ国」）に退去したこと（『古史伝』第一四段、『新修平田篤胤全集』一、二六五頁）を示しており、『古事記』『日本書紀』が著された頃でも「神避」を死と誤解することはあったが、それほど一般化していなかったと説明する（『古史伝』第一四段、『新修平田篤胤全集』一、二六八頁）。

（10）篤胤によるここでの再構成に根拠を与えているのは、「鎮火祭」祝詞である。延喜式祝詞の「鎮火祭」には、イザナミは「火結神」を生んで「みほと」を焼かれ、「石隠り」して、イザナキに七日七夜自分を見ないように言ったが、日の満たないうちに、隠れていることは不思議だとしてイザナキが見ると、イザナミは火を生んで「みほと」を焼かれて居たとあり、これを『古事記』の記述と照合、再構成したのが篤胤の記述である。ここでの「石隠り」を崩御と理解しないことで篤胤の解釈が成立している。また、「鎮火祭」祝詞の本文および解釈については、青木紀元『祝詞全注釈　延喜式祝詞　中臣寿詞』（右文書院、二〇〇〇年）などを参照。

（11）注（1）高橋論文参照。

参考文献

安蘇谷正彦『神道の生死観――神道思想と「死」の問題』（ぺりかん社、一九八九年）
遠藤　潤『平田国学と近世社会』（ぺりかん社、二〇〇八年）
國學院大學日本文化研究所編『神葬祭資料集成』（ぺりかん社、一九九五年）
子安宣邦『宣長と篤胤の世界』（中央公論社、一九七七年）

第六章　養生論とその宗教的世界

瀧澤利行

一　はじめに——養生の概念と養生思想

養生思想と宗教との関連を論じる際に逸することのできない課題は、中国の民族宗教である道教との関係である。東洋文化における養生思想は、ことごとく中国養生思想に遡源することができ、中国養生思想とそれを基盤とする養生関連文化は、その大部分を道教とその周辺文化に淵源するといっても過言ではない。

「養生」（ないしほぼ同義として「養性」がしばしば用いられている）の概念は、極東文化圏（中国大陸、台湾、朝鮮、日本）に特有の文化概念である。その起源がどこにあるのかを文献のうえで確定することはきわめて難しいが、現在確認できる文献によるかぎり、『孟子』『列子』『荘子』『呂氏春秋』等の主として戦国時代に派生した諸思想にさかのぼりうる。

「養生」概念について記載した諸文献の中で、最も著名な記載は、『荘子』の「養生主篇」である。その大意は、庖丁という人物が文恵君に対して、天理にしたがって牛を割けば、多年にわたっても牛刀の刃は研ぎあげたままのようであると述べたのを受けて、文恵君は「善き哉、吾庖丁の言を聞くに、生を養ふを得んか」と感嘆したということである。この「養生主篇」の主旨は、同書「達生篇」によってその方法が具体的に明示されている。一方、「養性」概念は、『孟子』「尽心章句上」に、「其心を尽す者は、其の性を知る也、其の性を知るとき、則ち天を知る也、其の心を存し、其の性を養ふは、天に事る所以也、殀寿貳ず、身を修めて以て之を俟つは、命を立つる所以也」の一節として含まれている。

さらに、『荘子』の「養生」概念に関連する概念として、『老子』の「摂生」がある。第五〇章に「蓋し聞く善く生を摂する者は、陸行して兕虎に遇わず、軍に入りて甲兵を被らず」とある。また、第五九章には、「長生久視」の概念がみられる。この『老子』の「摂生」概念などに影響を受けて、『荘子』「庚桑楚篇」では、「衛生」概念を老子の教示として記載している。これらの用例を総括すると、「養生」概念の内包は、主に知識人層において信奉されたところの身体的および精神的な安定を図り、自然の法則に則った自由で自律的な個人の生活実践原理を意味したとみられる。[1]

二　中国における養生思想の展開

養生思想と道教世界

「養生」思想と「道教」との関係は深く、複雑である。[2] 道教は、中国民族によって漸成された自然宗教であり、民族宗教であって、儒教と同様に中国民族および中国社会において派生した、総合的な精神文化形態である。宗教としての道教は、後漢の順帝（在位一二五〜一四四）以降に誕生したとされる。秦代には、始皇帝の文化的嗜好も影響し、道家思想とともに神仙思想に大きな関心がもたれるようになった。神仙思想は、古代中国の民間信仰であり、不老不死の生命の存在を認め、それを体現した半神半人の存在ともいうべき「神仙（仙人）」の実在とそれに到達する「仙道」または「神仙道」と称された多種の自然超越的技法をも含めた技法（神仙術と称される禁呪（呪禁）、符籙（神符）、齋醮・科儀、明視、移動（神行法）、変化などの方術）の有効性を信じ、それを実践することを特徴としている。この神仙思想の実践態である神仙術の基礎的な技法（調息、導引、辟穀、服餌、房中など）や煉丹術（金丹、内丹）は、「養生術」とされ、後代まで継承される。

漢代を経て、魏・晋代にいたった道教において、その理論的な基礎を築いた道教学者が、晋代の葛洪《かっこう》（二八三〜三四三）である。葛洪は、三一七年頃に神仙思想および神仙術、煉丹術の理論書である『抱朴子』内篇を著した。その書の中に述べられている「仙道を求める者は、忠孝・和順・仁信を根本にしなければならない」という思想は、神仙道教と儒家の教えを混淆し、社会を教化する道教の作用を強化することにつながる。葛洪以降の道教は、後漢代の社会的情勢や文化動向、あるいは民衆の生活意識などの要因が複合的に作用して形成された。隋代には大きな変化をみせなかった道教は、唐代に入ると唐王室の歴代皇帝から崇敬され、道教は国教化する。

中国道教のもとでの養生論の展開

通常、「養生」に関して、ある程度体系的な認識を言語化した論述を、「養生論」もしくは「養生説」という。また、養生を目的とした具体的で総体的な生活技術および個別の技法は、「養生法」ないし「養生術」と称される。さらに、養生論が木簡や書物など何らかの形態をとって視覚化された場合には、その記載物自体を「養生書」と称する。道教の内容は、大きく①老荘思想（道家的哲学）、②讖緯・巫祝・陰陽・神仙・卜筮などの数術的部門、③辟穀・服餌・調息・導引・房中などの養生・医術的部門、④民衆倫理的部門により構成されるが、「養生」思想は道教の哲学的側面や医術的側面、さら倫理的側面にも貫通する原理の一つとして位置を占めていたとみるべきであろう（図1）。

本書でいう中国養生論のなかで最古と考えられる養生論は、馬王堆三号漢墓から出土した『養生方』である。『養生方』の成立年代もまた推定でしかないが、戦国時代末期（前三世紀中葉）とみられる。

この時期の多くの医学書から編纂された中国最古の体系的な医学理論書が、『黄帝内経《こうていだいけい》』である。『黄帝内経』は、紀元前八六年から二六年に多くの医学書からその理論を抽出して形成したいわば「選集」であった。『黄帝内経』は、理論的側面を担う「素問」と実践的側面を担う「霊枢」に分けられ、「素問」のなかには、とくに前半の部分に「養生」に関する内容が含まれている。例えば、篇第一「上古天真論」には、「食飲に節有り、起居に常有り、妄に作労すべからず」（『黄帝内経』素問、『正統道蔵』太玄部、新文豊出版公司版第三五冊〜第三六冊、五五八頁）や「恬憺虚無なれば、真気これに従い、精神内に守る、病安んぞ従い来らんや」（同前、五五九頁）など、後世に伝わる養生の基本的原則が示されている。

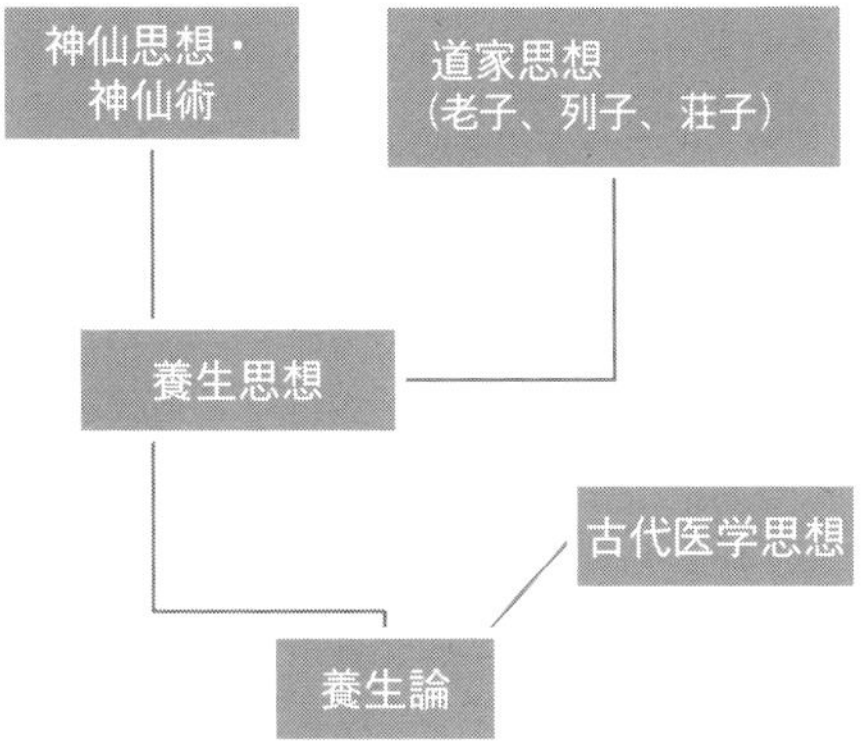

（図１）養生論の展開図

三国時代から魏晋時代に入ると、いわゆる「竹林の七賢」のひとり嵇康《けいこう》（二二四〜二六二）の『養生論』が著された。嵇康の『養生論』では、「導養之理を得て、以て性命を尽くすに至りては、上は千余歳を獲、下は数百年なる可きこと、之有る可きのみ」（嵇康『養生論』蕭統撰・小尾皎一校訂「文選七」『全釈漢文大系』第三二巻、一一〜一二頁）と述べられ、「導養之理」すなわち養生の真理を得れば、多ければ千歳、少なくとも数百歳は可能であると論じ、延年としての養生の意義を明示している。また、「故に性を修めて以て神を保ち、心を安んじて以て身を全うす」（同前、一四頁）とあるように、「養神」先行の養生論であることは明白である。一方、同じ竹林の七賢として知られた向秀《しょうしゅう》は、嵆康の『養生論』に対して、『難養生論』を著し、人が名利を得たいのは向上したいからである、感情を肯定して欲望に従い、他と交わることこそ自然な楽しみであり、その均衡を図るために道徳があると説いた。すると嵆康はさらに『答難養生論』を著し、真の楽しみは他者や外物を借りず、自己自身の永劫の充実こそに真理があると反論した。この史上「養生論争」とよばれる論争の背景には、「社会的であることによる自己の充実」とその対照にある「社会の制約から自由になることによる自己の充実」という認識の相違が輻輳しており、人間の生における養生の価値を本質的に問う上での重要な含意がある。

南北朝時代以降、道教における養生論の展開が本格化する。(3) まず見るべきは、東晋において前述の葛洪『抱朴子《ほうぼくし》』が著された。『抱朴子』内篇では、神仙、方薬、鬼怪、変化、養生、延年、禳邪、去禍などの神仙道に関する事項を論じ、外篇では、儒教の道徳説を論じている。内篇で論じられた神仙術の内容は、単に辟穀、服餌、調息、導引、房中、煉丹などの養生術にとどまらず、「黄色（錬金術）」「登渉（入山術・避難術）」などの方技をも含み、きわめて広範であった。

同じく東晋末には、張湛《ちょうたん》『養生要集』一〇巻が撰著された。撰著者の張湛は、四〇〇年前後に活躍し、官途にあって中書郎に任ぜられていたという。すでに知られているように、『養生要集』は佚書であるが、中国および日本の養生論に相当数の引用がなされており、その大要を知ることは可能である。例えば、後述する陶弘景《とうこうけい》『養性延命録』の「教誡篇第一」には、「張湛養生集に叙して曰く養生の大要は一に曰く嗇神、二に曰く愛気、三に曰く養形、四に曰く導引、五に曰く言語、六に曰く飲食、七に曰く房室、八に曰く反俗、九に曰く医薬、十に曰く禁忌」と引用されている。これによって、『養生要集』一〇巻の内容構成を知ることができる。その内容は、古今の養生論の代表的見解を集約したという性格を示しているとみられる。その『養生要集』を参照したとみられる『養性延命録』は、梁代に陶弘景（四五六〜五三六）によって著された。陶弘景は、「上清派道教」の主要人物であり、道教医学の泰斗であり道教学者としても卓越していた。『神農本草経』の編者としても名高い。『養性延命録』は「教誡篇第一」「食誡篇第二」「雑誡忌穰害祈善篇第三」（以上、巻上）「服気療病篇第四」「導引按摩篇第五」「御女損益篇第六」（以上、巻下）がその個別項目になっている。

唐代を代表する中国養生論は、孫思邈《そんしばく》（五四一？〜六八二？）によって著された『備急千金要方』『孫真人摂養論』『摂養枕中方』等の一連の著作である。その主著は『備急千金要方』である。同書は、全九三巻に分かれ、「養生」については、巻八一から巻八三の「養性」で主に論じられている。その基本となっている原理は陰陽五行説であり、「摂生」「戸枢不蠹流水不腐」「五難」「十二少」など、『老子』『呂氏春秋』『抱朴子』などからの引照が多い。この書も日本の養生論に頻引された。

さらに、五代を経た宋代における養生論の代表としては、蒲処貫『保生要録』、周守中『養生月覧』、同『養生類纂』、鄧景岫編述『四時摂生論』、申甫・王希逸編述『聖済総録』などが著された。さらに下り、元代には、李鵬飛『三元延寿参賛書』、羅天益編述『衛生宝鑑』、王珪（均章）『泰定養生主論』などが著された。

明代に入ると、冷謙『修齢要指』、陳継儒『養生膚語』、鉄峰居士編纂『保生心鑑』、周履靖（梅顛道人）編『益齢単』『赤鳳髄』、息斎居士『摂生要語』、袁黄（袁了凡）『摂生三要』、寧献王朱権『活人心法』、龔居中の『五福全書』『万寿丹書』、龔廷賢『済生全書』、洪九有撰述『摂生総要』などがある。これら明代の養生論の中で、高濂《こうれん》（一五七三〜一六二〇とされるが不詳）の『遵生八箋《じゅんせいはっせん》』は、明代の養生論のなかでも最も著名であり、全一九巻より構成され、内容的にも体系的であり、かつ充実している。同書は、一五九一（明万暦一九）年に初刊され、以後数度重刊された。その内容は、「清修妙論牋」「四時調摂牋」「起居安楽牋」「却病延年牋」「飲饌服食牋」「燕閑清賞牋」「霊秘丹薬牋」「塵外遐挙牋」の八種に分かれる。養生総論から、四時の摂生、起居動静、服気、導引、飲食、錬丹、道徳、趣味、教養にいたるまで、きわめて広範な事項について論及している。引用書数も膨大である。

清代の養生論の代表的著作としては、曹無極《そうむきょく》『万寿仙書』が挙げられる。同書は、一六八九（康熙二八）年に著され、「巻首」「巻一　導引篇」「巻二　諸仙導引図」「巻三　延年要論」の三巻構成である。内容の中心は、導引の技法解説におかれている。

これらの養生論は日本の養生論にもしばしば引用された。このように、近代前の中国養生論は、道教の成立・普及とともに展開し、近代前中国の医学史や文化史のみならず、遣隋使以降の日本に中国養生論が移入されたことにより、日本での養生論著述の契機となった。本章の以後の記述では、これまでみたような中国養生論の厚い伝統を受容することによってはじまった日本の養生論の展開をみることにしよう。

三　日本における養生論の展開とその思想的特徴

日本における代表的な養生論書

日本における養生論の変遷をみると、[4] その自生的著述は九世紀に始まる。物部広泉『摂養要訣《せつようようけつ》』(八二七年)、深根輔仁《ふかねのやすひと》『養生鈔』(八七七年)はともに逸失しているが、本邦最初期の養生論である。以後、平安期から鎌倉期にかけて丹波康頼撰『医心方』「養生」「延年方」(九八四年)、栄西『喫茶養生記』(一二一五年)、丹波嗣長『遐年要鈔』(一二六〇年)、丹波行長『衛生秘要鈔』(一二八八年)、竹田昭慶『延寿類要』(一四五六年)など、主として撰述による著述がなされる。近世期以降は養生論の盛行が明確となり、曲直瀬玄朔『延寿撮要』(一五九九年)、山脇玄心『勅撰養寿録』(一六四八年)、向井元升『養生善道』(一六七四年)、中嶋仙菴『歌養生』(一六七八年)、名古屋玄医『養生主論』(一六八三年)、深見玄岱『養生編』(一六八六年)、久保元叔『寿養叢書』(一六八九年)、竹中通菴『古今養性録』(一六九二年)、野間三竹『修養篇』(一六九三年)、貝原益軒『養生訓』(一七一三年)、小川顕道『養生嚢』(一七七三年)、三浦梅園『養生訓』(一七七六年)、本井子承『長命衛生論』(一八一二年)、中神琴渓『生生堂養生論』(一八一七年)、平野重誠『病家須知』(一八三二年)、同『養生訣』(一八三五年)、水野沢斎『養生弁』(一八四二年)など、近世期を通じて多くの養生論が著される。

日本における養生論の内容

日本において展開した養生論の内容は、その基本を中国養生論の内容体系に影響を得ている。すなわち、「養形」(身体的養生)と「養神」(精神的養生)の二義のもとで、「金丹」「内丹」「辟穀・服餌」「服気・調息」「導引」「房中」「護身」といった道教的養生法を基礎としながら、次第にそれらを取捨し、また日本の歴史的、地理的環境に応じた内容を派生させて多様に構成されるにいたる。日本における養生論の質量両面での頂点とみられる一九世紀前期の時点におけるその内容的展開を俯瞰すると、それらは①総論・原則、②飲食、③性欲・房中、④導引・運動、⑤排泄、⑥衣服、⑦視聴覚、⑧沐浴、⑨養神、⑩起居動静、⑪呼吸、⑫選医用薬、⑬療養、⑭養老育幼、⑮諸芸、⑯道徳、⑰文化・教養、⑱利財、⑲家庭生活、⑳自然や人体の構造や機能などに大別することができる。これらは、時代によっても、また著者の属する学的系統によってもその範囲や深浅は異なるが、大別すれば、自己の心身を調整することによって自己の内的気を養う（養気）ことを目的とする主体的心身技法（気功医学でいう「内気功」的技法）と、外界から養生にとって有効な気を導入したり邪気を排出したりする「外気功」的技法、さらには社会関係や自己の教養形成を行うことによって自己と社会との関係を調整する社会調整的技法に大別できる。

日本の養生論の中で最も著名な書が、貝原益軒《かいばらえきけん》（一六三〇〜一七一四）によって著された『養生訓《ようじょうくん》』であることは言を俟たない。貝原益軒は、名を篤信といい、一六三〇（寛永七）年一一月に筑前黒田家祐筆であった寛斎の子として生まれた。若くして浪人生活を送り、医術を修め、藩医として帰藩、京都に遊学して朱子学を学び、一六六五（寛文五）年に黒田藩儒官として新たに一家を興した。本草学への傾注は『大和本草《やまとほんぞう》』（一七〇九年）として結実した。その他著作は、九九部二七〇余巻に及んだ（図2）。

貝原益軒の養生に関する著作は、竹田定直に編集させた、和漢の養生説を収録したところの『頤生輯要《いせいしゅうよう》』の叙に相当する、俗に「益軒養生論」と呼ばれるものと、一七一三（正徳三）年の『養生訓』である。いわゆる「益軒養生論」は、益軒が五〇歳代の頃のものとされているが、内容的には、『養生訓』に包摂されるものであるとされている。それゆえ、益軒の『養生訓』は、彼の養生論のほぼすべてをあらわしているとしてよい（図3）。

（図２）貝原益軒肖像（貝原家所蔵、中村学園大学図書館貝原益軒アーカイブより転載）

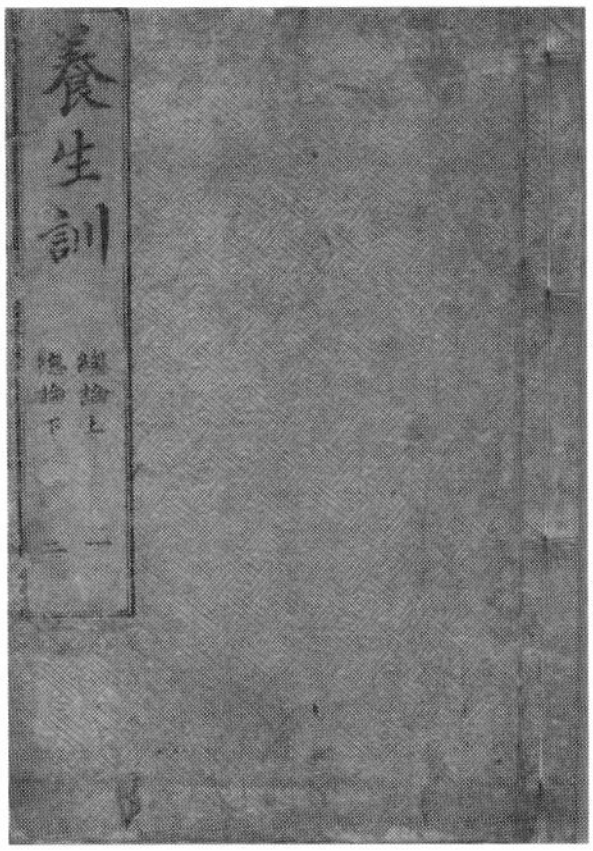

（図３）『貝原養生訓』表紙（中村学園大学図書館貝原益軒アーカイブより転載）

貝原益軒『養生訓』については、明治以降、さまざまに論及されてきており、現代においてもその影響力は衰えたとはいえず、依然として益軒『養生訓』を肯定的に評価する傾向は強い。また一方で、『養生訓』の思想的限界についての指摘もなされている。

貝原益軒の思想家としての歴史的評価は、多くの研究で論じ尽くされている観があり、ここで多言を費やす必要はない。ここで、諸研究での評価を総合すれば、益軒の思想は、朱子学の思想的土壌で生成しながら、朱子学の標榜する「理先気後」論を否定し、新しい学理体系を追究しようとしたが、朱子学の思惟体系そのものを排斥することはついになかったという評価に集約される。

「気」と「理」はともに中国思想の自然理解の根本的概念であり、日本においても儒教の展開過程においてつぶさに検討された。「理」は事物の法則性をあらわす概念であり中国では先秦時代から用いられ、「気」もまた『易経』以来、事物の現象をつかさどり、万物をかたどってそれに活性をあたえるエネルギーと考えられた。道教や中国医学では、病は体内をめぐる「気」の不調によって生じると考えられ、その気を自在に統御することをめざして養生や医学の術技をきわめようとした。気を万物の根源とする気一元論・太虚説を唱え、宇宙を一箇の生命体としてとらえて万物の生成を陰陽二気の集散によって説明しようとする気の存在論を論じたのが北宋の張載（張横渠）であり、これに対して、理を立て、理と気の二つの作用によって世界をとらえる理気二元論を唱えた思想家が同時代の程頤（程伊川）とされる。朱熹《しゅき》は、「理」を形而上の概念、気を形而下の現象ととらえ、気が運動性を示し、理はその法則を示し気の運動に秩序をあたえるととらえた。相互は単独では存在することはなく、両者は不離の関係であるとした。この朱熹による朱子学は、近代前期の日本の思想界に計り知れない影響をあたえたことは周知の通りである。

ここでの問題は、益軒の思想体系の中で、『養生訓』における理と気の関係がどのような位置を占めるかという点である。

益軒『養生訓』の基本思想は、巻之一「総論上」にある次の記述に明らかである。

生を養ふ道は、元気を保つを本とす。元気をたもつ道二あり。まず元気を害する物を去り、又元気を養ふべし。元気を害する物は内欲と外邪となり。すでに元気を害するものをさらば、飲食・動静に心を用て、元気を養ふべし。

（貝原益軒著・石川謙校訂『養生訓・和俗童子訓』、三三～三四頁）

ここでは、人間に本来備っている気としての「元気」を、内的要因としての「内欲」と外的要因としての「外邪」から保護し、日常生活（「飲食・動静」）に配慮することによって増強することが、益軒のとらえた

「養生」概念であるとみられる。

この記述に即する限り、益軒の思想は、「天理」という形而上学的概念の優越を主張する純朱子学的立場とは明らかに異なっている。益軒が依拠した医学的立場は、基本的には『黄帝内経』を基礎とするものであった。『黄帝内経』自体は、陰陽五行説にもとづいた観念的な医学理論であったから、朱子学のもっている理論志向の性格とよくなじむ側面を有していた。日本に移入された「内経系医学」が、金・元時代に創唱された「李朱医学」として定着し、朱子学とよく複合して「後世派」と称されるようになった。したがって、益軒の医学的立場も「後世派」に近いものであると言えるが、益軒が『養生訓』の中で、しばしば引用し、評価しているのが、孫思邈『備急千金要方』であることから、『養生訓』が道教的・技術主義的性格をも一部併せもっていたことは認められる。益軒が挙げている養生法の数々も、「夜食せざる人も、晩食の後、早くふすべからず。早くふせば食気とどこをり、病となる」(同前、六七頁)「導引の法を毎日行へば、気をめぐらし、食を消して、積聚を生ぜず」(同前、一〇四頁)と記されているように、気の運行を活発させるという現象重視の原理に立脚しながら選択されている。

ただし、益軒が『養生訓』をいわば「気」一元論で著したかといえば、それは適切ではない。彼は、巻之二「総論下」の中で、「人の世にをる、心ゆたけくして物とあらそはず、理に随ひて行へば、世にさはりなくして天地ひろし。かくのごとくなる人は命長し」(同前、五一頁)と述べて、「理」の重要性を依然として認めている。

さらに益軒は、「凡そ医となる者は、先儒書をよみ、文義に通ずべし。文義通ぜざれば医書をよむちからなくして、医学なりがたし。又、経伝の義理に通ずれば、医術の義理を知りやすし」(同前、一二五頁)と述べ、「医道は、陰陽五行の理なる故、儒学のちから、易の理を以、医道を明らむべし」（同前、一二五頁）などと記して、易の理論・陰陽五行説・儒学（朱子学）の「義理」と医学の理論体系とを深い相関関係にあるものとして認識している。少なくとも益軒は、『養生訓』著述の時点においては、純朱子学的な論理性と、気の現象を重視する実証性とを、折衷・調和しようとする立場に立っていたことは明らかである。『養生訓』巻之一の末尾において、

俗人は慾をほしゐままにして、礼儀にそむき、気を養はずして、天年をたもたず。理気二ながら失へり。仙術の士は養気に偏にして、道理を好まず。故に礼義をすててつとめず。儒は理に偏にして気を養はず。修養の道をしらずして天年をたもたず。

（同前、四二〜四三頁）

と記したことは、益軒の思想の折衷性ないしは中立性を端的に示している。

以上のように検討すると、『養生訓』は、益軒の朱子学徒としての論理重視・道徳性尊重の思想的側面と、本草学・地理学・歴史学などにも通暁していた実証的な経験科学的側面の交点をその成立基礎としていたと理解できる。加えて益軒『養生訓』が現在にいたるまで、個人における健康形成の実践的規範として読み継がれている理由は、朱子学的な論理的整合性や経験科学的な実証性がその決定的要因ではなく、あくまでも個人の生活に密着した現実性が確立されているゆえである。

益軒『養生訓』における生活の具体性をもたらしたものは、益軒の思想における実学志向の性格である。益軒は、その著『慎思録』において、「凡そ学を為すは、以て用を済す。故に学は必ず事を施すなり。而し

て後に有用之学となるべし。其れ有用之学と曰うは、何ぞ。曰く、是人倫を明らかにし事業を施すなり」（貝原益軒「慎思録」、井上哲次郎・蟹江義丸編『日本倫理彙編』巻之八、一二頁）と述べて、学問が人間の物心両面の生活の実用に供されるべきことを主張している。この点は、『養生訓』の内容と記述を一覧すれば、瞭然たる事実である。益軒の実学的性格は、彼の博学ぶりと相関をなしているといえ、益軒の本草学・地理学などにわたった著作群の多様さに象徴されている。

以上のように、益軒『養生訓』は、彼の思想上の要素である、朱子学的な論理的・道徳的整合性と、経験科学的実証性、および現実性（実学性）を包摂していた。

『養生訓』それ自体の養生観は、「およそ人のやまひは、皆わが身の欲をほしゐままにして、つつしまざるよりおこる養生の士はつねにこれを戒とすべし」（貝原益軒『養生訓・和俗童子訓』、四二頁）とあるように、節制主義を基調としたものである。また、「人となりて此世に生きては、ひとへに父母天地に孝をつくし、人倫の道を行なひ、義理にしたがひて、なるべき程は寿福をうけ、久しく世にながらへて、喜び楽みをなさん事、誠に人の各願ふ処ならずや」（同前、二四頁）との記述に明らかなように、朱子学的倫理観の圏内にあったものではあったが、具体的な養生法における経験的実証性と実用性とがその養生観を支えていたといえる。それは『養生訓』の構造であると同時に、益軒の思想構造を端的に示していると思われる。

そして、益軒の『養生訓』がそのような性格をもっていることは、それ以後の養生論の展開にきわめて重要な意味をもっていたと考えられる。

第一に指摘できる点は、益軒『養生訓』にあらわれた経験主義的側面は、名古屋玄医、後藤艮山、香川修徳、山脇東洋、そして吉益東洞と連なる「古医方」の系譜によって間接的に継承されてきたものであったことである。「古医方」の成立によって、養生論における実証的側面が確立されたとはいえ、益軒思想への間接的影響ととらえるべきである。

第二に指摘できる点は、益軒『養生訓』の中の節制観が直接的に多くの養生論に影響を与えていることである。益軒『養生訓』の節制観は、

聖人ややもすれば楽をとき玉ふ。わが愚を以て聖心おしはかりがたしといへども、楽しみは是人のむまれ付たる天地の生理なり。楽しまずして天地の道理にそむくべからず、つねに道を以（て）欲を制して楽を失なふべからず。楽を失なはざるは養生の本也。（同前、五五頁）

とあるように、「節欲」による快楽の実現という朱子学的倫理観に対応したものであった。この朱子学的倫理観にもとづく節制観は、朱子学と最もよく対応していた「後世派」に属する養生論はもとより、その他の思想的系譜に属する養生論にも大きな影響を与えたといえる。

益軒『養生訓』は、論理的・道徳的整合性、実証性、実用性の接合点に成立した益軒思想の「縮図」でもあった。その養生論の展開における性格は、ややうがってみれば、曲直瀬玄朔『延寿撮要』で示された「李朱医学」的医学理論に則った養生論と、名古屋玄医『養生主論』で示された経験・実証主義的養生論とを統合した位置にあったといえる。

四　日本における養生論の二つの時代

支配層の身体的修養から被支配層の生活文化へ

近世日本における養生論の刊行とその影響を通観すると、一六世紀末から一七世紀初頭（元禄・正徳期）に第一峰、一九世紀前期（文化・文政・天保期）に第二峰を認めることができる。元禄・正徳期においては、文献博証的大著として竹中通菴《たけなかつうあん》『古今養性録《ここんようじょうろく》』、文献博覧とともに経験論的大著として貝原益軒『養生訓』を挙げることができる。特に益軒の『養生訓』はその実践性と後代への影響の点からみて空前かつ今日にいたるまで絶後の論著である。ただし、この元禄・正徳期は徳川封建体制およびそれにもとづく文化の確立期であり、武家社会においては朱子学を中心とした体制的価値への適応が文化動向の基調としてあり、そこで共有された価値観は体制への一元的同化であったといってよい。これに対して、文化・文政・天保期は幕藩体制およびその基調となっていた儒教文化の動揺期であり、身分制の緩やかな解体と貨幣経済への傾斜、そしてその動向に導かれた体制的価値からの離脱と都市を中心とした庶民的世界の形成によって特徴づけられる。

筆者は、この第一峰から第二峰への移行の過程で、日本の養生論の特徴に大きな変化が生じたと理解している。すなわち、元禄・正徳期を頂点とした日本における養生論の特徴として、①天人合一論（陰陽五行説による世界観）、②内経系医学と傷寒論系医学の並立と混淆を通した東洋的身体観と病理観による医学理論、

③古代から中世期にかけての撰述方式から引照・例照、さらには口述・筆録といった自生的思考の形成、④養生における道教文化から儒教文化への移行、⑤実践論としての「節欲慎身」論（欲を節して身を慎む）と「気静体動」（気＝精神を静めて身体を動かす）の確立、⑥感情の抑制の推奨、⑦修養論的性格の形成を指摘することができる。これに対して、近世後期（文化・文政・天保期）における養生論の変化として、①需要層の武士階級から識字庶民階級への拡大、②身体的健康から生活全般への関心の拡大、③欲望の抑制から欲望の部分的肯定と解放への変化、④ほぼ完全な道教的文化からの離脱、⑤西洋文明の部分的受容、⑥実践規範の寛容化、⑦養生における「人間」の自覚と個別的自己形成への指向、が生じたとみることができる。これは、武家階級を中心とした倫理的生活実践としての「養生」から脱体制的な庶民的健康文化としての「養生」への転成としてとられる必要がある。そして、きわめて重要な点は、この近世後期における養生論の変化は、それまでの支配階級としての身体的修養の文化としての養生から、庶民、すなわち市井のそこここで働く者たちの養生へと転換しつつあったことである。

近世後期における養生観の変容――修養と経世への転換

近世後期における養生の転成とは具体的にどのような変化としてとらえることができるのか。以下では近世後期養生論の具体的な記述を通してその点を明らかにしてみたい。

古医方の泰斗であった名古屋玄医『養生主論』に大きな影響を受けた松本遊斎『養生主論』（一八三二年）では、養生の原則を次のように論じる。

扨《さて》又世の人養生といへは只命をしむやうに心得侍士又出家などの有ましき事などそしる人あり、養生と夭寿は別のことなりといへども不断養生を守る人は無病にして天寿を十分に全して死期に及んで苦悩なし。

（松本遊斎『養生主論』）

ここでは、養生という行為と人間の寿命の長短を区別する視点を提示している。また、尾張藩の儒官であり、本居宣長に師事した国学者でもあった鈴《すず》木朖《きあきら》が著した『養生要論』（一八三四年）でも、

世人長寿の人を見ては、必ず養生の良法あらんとゆかしがりて尋ね問い長寿の人もみづからほこりて、養生のよきによれりとする者多し、されども多くは天幸なるべし、天性尫弱多病、或いは不慮の疾疫にて短折するは、あながち養生の行届かずとはいふべからず。

（鈴木朖『養生要論』）

と述べ、養生と長寿を明確に区別している。さらに、伊予の医師の水野沢斎『養生弁』（一八四二～一八五一年）では、

尤人は病の器ゆゑ、聊かの小病なき事能ず、大病だになくば無病といふべし。

（水野沢斎『養生弁』）

内養生の法を修しても外衛生の道を失へば、又天命を保ちがたし、故に飲食男女疾病雑談惣じて修養の補助となる事は尽く挙げて参考に備ふ。

（同前）

と述べている。

以上の記述から明らかになることは、次の二点である。近世後期養生論の一部ではすでに寿命の延長を養生の主意とはとらえなくなっていること、そして単に身体の養生に努めるのみでは天命を保つことは難しく、身の外から訪れる種々の諸事に適宜に応ずることも養生に含まれると考えられていたことである。これらのことをもって、養生の概念は、近世中期に比してその内包が拡張されつつあったことを察することが可能である。

この点をさらによく示すのが、鈴木朖『養生要論』における「情」の理解である。同書では「気」のあり方について以下のように論断する。

気といふ物、よく廻れば形すくやかになる、滞ほる時は病生ず、気をめぐらす術は、心の持方にあり、人の心は張がよし、たるむはわろし、急はしきがよし、ひまなるはわろし。（鈴木朖『養生要論』）

薬物の外にも多言を毒也とし、汗を多く発するを毒とし、浴湯を毒とする類ひ、皆々医者の愚蒙なり、楽むに歌あり、哀しきに号哭あり、皆々音声を発して欝気を散ずるしかたなり。（同前）

この姿勢は明らかに近世前期的な「七情（喜・怒・哀・楽・愛・悪・慾、または喜・怒・憂・思・悲・恐・驚）の統制」からは逸脱し、情の発揚に対して肯定的である。この変化は、養生における人間観の根本的変化であるとみてよい。すなわち、理念としての人間の追究から現実としての人間の肯定への移行に他ならない。

この養生における人間化の視点は、八隅景山《やすみけいざん》『養生一言草《ようじょうひとことぐさ》』（一八二五年）の養生観においてある極を示す。同書では、「此書は大人小児の養生よりはじめ、小児の育方、並に年中飲食の能毒、四時の禁物、或はまぢなひ、又は病事火急の手当、古人の名方を抜粋して、小冊子となし、世上養生の一助ともなれかしとて、養生一言草と名付」（八隅景山『養生一言草』）とあるように小百科全書的性格を帯びているが、「夫養生は生生至実にして、生育するより、山川草木禽獣魚鼈に至迄、皆天地の養生あらざるはなし」（同前）と広範な養生概念の前提に立ち、「養生手引歌」と題して「養生の道にあらざる物ぞなき陰陽五行地水火風も」「味噌酒や酢醤油作る法とても皆養生にあらざるはなし」「天地の万のものをやしなふは人をおさむるはじめ成らん」「田も畑も養ひなくばみのるまじ草木国土みんな養生」（同前）とその概念の拡大をいささか過剰にまで試みている。

この傾向は八隅景山ばかりのものではなく、他の養生論にも同様の傾きをみることができる。鈴木朖『養生要論』の「はし書」において門人丹《に》羽勗《わつとむ》は、「養生の心得方、世に追々其書あり、これをおこなふ事こそ難けれ、……又養生の道は、養生のみにあらず、全く身を修め道を行ふ筋と、一致なることをも明されたり」と師の書を評価し、浅井南皐《あざいなんこう》『養生録』（一八一七年）でも「一養生は天地自然の道に背かさるを本とす、道に背かさるときは、身修る、身修るときは心静なり、心静なるときは斉家治国の業も皆養生を主として得へきことなり」（浅井南皐『養生録』巻之上、二丁オ）「然れば養生の外に求る道なく、修道の外に養生なしと思ふべし、是我人に養生を勧むるの根本なり」（同前、二丁ウ）とあるように、まさに人の生は養生そのものであるとして、その本質を称揚している。

五　養生論の近代——生活の原理から社会の原理へ

「養生論」から「衛生論」への移行

明治維新の前後における日本の西洋化と近代化は、病から人間のいのちをまもり健康をつくる思想を「養生」から「衛生」へと転換させた。その直接の要因は、近世後期からその影響力を広げつつあったオランダ医学をはじめとする西洋医学の導入にあるが、さらに大きな要因として、人間の健康に関する社会的視点の形成とそれによる健康形成の方法論の転換を挙げることができる。すなわち、西洋医学の導入によってすすめられた近代健康管理技法としての西欧衛生学の普及は、健康に関する日常的努力の方向性を「自己への配慮」から「社会への配慮」へと転轍せしめた。

明治初年における「衛生」思想の導入について、東京大学医学部病理学教授となる三宅秀《みやけひいず》（一八四八〜一九三八）は「本邦衛生ノ由来」（『大日本私立衛生会雑誌』）において次のように述べている。

夫レ衛生ノ語ハ原《も》ト漢語ニシテ現今称スル所ノ各自衛生公衆衛生ノ如キ健康ヲ保持スルノ意ニ適当スル者ニハ非ザルベシ。何者漢土ノ医籍ニ往々衛生ノ語ヲ題スル者アレトモ皆通常ノ医籍ニシテ主トシテ療病ノ事ニ渉リ特ニ養生摂生ノ事ノミヲ臚載シタル者ヲ見ザレバナリ。然ルニ今此衛生ノ語ヲ仮用スレバ其曾テ衛生ノ文字アルヲ知ル者ハ誤テ専ラ医術ニ関スル者ト了解シ又此語ノ新ニ拈出セシ者ナルヲ知ル者アルモ或ハ単ニ養生ノ道ト思量シ乃チ医ノ指導ニ頼ラザレバ其道行ハレ難シトスル者尠カラズ。豈ニ其レ然ランヤ之ヲ究ムルニ衛生ノ道ハ畢竟医俗ノ協力ニ依リテ始メテ能ク隆盛ヲ得ル者ナリ。

（三宅秀「本邦衛生ノ由来」『大日本私立衛生会雑誌』第二号、一八八三年、四六〜四七頁）

明治初期（明治一〇年代前半まで）におけるこのような「衛生」概念の普及は、明治以降もなお少なからず著述されていた養生論の「衛生」論化を促した。急速に広がる都市を中心とした西洋文化は、健康に関連する領域においてもとりわけ強い影響をあたえた。すなわち、明確な肉食の推奨、西洋の衣服や住居の利点の強調と日本的生活文化の後進性の指摘などは、この時期に著された養生論の内容において、西洋的生活文化（衣食住）の積極的評価、環境や気候に関する記述の増加、伝染病予防などの内容が養生論の中にも見られるようになる。

（図4）長與専斎肖像（国立国会図書館所蔵）

ところが、新たな時代を画するべき役割を担う「衛生」論が西洋近代の衛生学をひたすらに祖述したかといえば、必ずしもそうではなく、この時期の衛生論にはなお養生論の残滓をみることができる。むしろ、衛生思想の根幹にはなお養生思想が位置づいていた。その典型は、他ならぬ近代的「衛生」概念の主唱者であった内務省衛生局長の長與《ながよ》専斎《せんさい》（一八三八〜一九〇二）の論説「衛生誤解ノ弁」（『大日本私立衛生会雑誌』）にあらわれている。長與は「衛生誤解ノ弁」において次のように主張する（図4）。

退テ其事実ヲ観察スレバ其衛生々々ト称スル者ハ大ナル不衛生ノ事ニシテ健康ヲ害スルゾトテ誡ムル所ハ却テ健康ヲ保ツノ事タルガ如キ効害ノ全ク顚倒シタル者多キヲ奈何セン。

（長與専斎「衛生誤解ノ弁」『大日本私立衛生会雑誌』第二号、一八八三年、二七～二八頁）

凡ソ人ノ此世ニ在ルヤ中等以下ハ勿論王侯貴人ト雖モ時ニ臨ミテハ餓ヲ忍ビ渴ヲ凌ギ寒暑ニ堪ヘ風雪ヲ冒スガ如キ随分不養生的ノ場合ニ遭遇スルモ免レザルコトナレバ一線ノ隙風一椀ノ麁食ノ為メニ其健康ヲ損ジ活潑ノ英気ヲ阻喪スルガ如キハ決シテ衛生ノ本意ニアラザルナリ。三日三夜眠食ヲ廃シテモ其志ヲ達スル程ノ敢為忍耐ノ勇気ヲ蓄ヘテコソ衛生ヲ以テ国家富強ノ根基トモ称スル実ニ適フベキナレ。

（同前、二九頁）

各自衛生法ノ要訣ハ身心ヲ鍛練スルニ在リ武辺活潑ノ運動ヲ力ムルニ在リ温保美食奢侈的ノ衛生ニ泥《なず》マズシテ風雪糲糠凡ソ肉体ニ耐ヘ得ル程ノ艱難ヲ忍ブベキ習慣ヲ積養スルニ在リ。

（同前、三二頁）

ここでの長與の主張は、急激な西洋化によって世人は「衛生」を保護的・消極的な健康保持の思想と解して退嬰的な行為に終始しかねない現状を憂い、真の衛生とは「武辺活潑」の運動と「温保美食奢侈的ノ衛生ニ泥マズシテ風雪糲糠凡ソ肉体ニ耐ヘ得ル程ノ艱難ヲ忍ブベキ習慣ヲ積養」すること、すなわち近世的養生観にこそその真髄があると論じている。この点こそが、養生思想を近代的衛生思想に接合した日本における独自の健康形成思想の形成を象徴している。

転換としての社会進化論と養生思想の結合

しかしながら、明治二〇年代以降に入ると、日本の健康思想は、さらに新たな局面を迎える。西欧列強と伍して帝国主義的政策に移行する明治政府は、衛生こそが国家経営の枢要ととらえるようになる。そして、衛生思想も、この当時の政治思想に大きな影響を及ぼした優勝劣敗適者生存を主張する社会進化論の思想的洗礼を受けることになる。ことに長與の後継を担った後藤新平《ごとうしんぺい》（一八五七〜一九二九）は、シュタイン（L.von.Stain）の国家有機体説を援用することによって、国家の行政機能として「衛生」を理解し、『国家衛生原理』『衛生制度論』を著し、その思想を展開した。後藤が抱懐した衛生観とは、「衛生」による近代国家形成であり、それは同時に近世的な「養生」的世界観との訣別を意味した。後藤は、「衛生」の目的を個人の健康を目的とする「個人の健康化」から社会自体の健康水準を向上させることによる「社会の健康化」へと明確に規定した。

この後藤が主導した明治二〇年代半ば以降の社会進化論による優勝劣敗原理による「衛生」の解釈は、この時期における「養生」の解釈にも影響をあたえた。弘前の医師で後に弘前市長・衆議院議員をつとめ、「養生会」（後に財団法人化）を設立した伊東重《いとうしげる》（一八五七〜一九二六）は、自著『養生新論』および『養生哲学』において、独特の養生思想を提起している。伊東は次のように「養生」の目的を論じる。

養生トハ如何ナルモノナルヤ、養生ノ目的ハ如何ナルモノナルヤ何故ニ吾人々類ハ養生セサルヘカラサルヤ、古来未タ一定ノ説アルヲ聞カス、世間ノ所謂養生ナルモノハ衣服、飲食、居住ノ注意ニシテ身体麁《そ》略ニセヌト云フニ過ギザルカ如シ、今日我邦ノ学者間ニ於テモ一箇人ノ健康ヲ増進スルノ手段ヲ養生ト云ヒ、公衆ニ関スルモノヲ衛生ト云フモノゝ如シ……

抑モ進化論一タヒ出テゝ以来、生存競争優勝劣敗ノ理、昭々火ヲ見ルカ如ク、敢テ爰ニ喋々スルヲ用ヰス、少シク教育アルモノハ之疑フモノニアラサルヘシ、然ラハ鳥ニ羽翼アルカ如ク獣ニ爪アルカ如ク、吾人々類モ亦タ競争ノ利器ナカルヘカラス、而シテ其ノ利器ハ吾人々類ニ於テ鳥獣ノ如ク簡単ナラス、衣服、飲食、筋骨、智慮等千差万別頗ル複雑ナリト雖トモ之ヲ大別スレハ、俗間ノ所謂金ト力ト分別ノ三者ニ過キス、余今其意ヲ拡メテ、之ヲ資力、体力、脳力ト名ケ、之ヲ総括シテ人類ノ競争力トス……

今、物ノ衝突ニ当テ破損ナカラシメント欲セハ、必ス其ノ間ニ余裕アルヲ要ス、有形無形皆然サルハナシ、然ラハ吾人々類ハ資力、体力、脳力ノ三者ヲ欠キテ競争スル能ハス、競争ニ当テ優勝劣敗ノ勢ヲ制セント欲セハ、此三力皆ナ共ニ余裕ナカルヘカラサルノ理ヲ知ルヘシ、……

今、資力ニ余裕ヲ生スルノ工夫ヲ養財ト名ケ、体力ニ余裕ヲ生スルノ工夫ヲ養体ト名ケ、脳力ニ余裕ヲ生スルノ工夫ヲ養神ト名ケ、之ヲ総称シテ養生ト名ク、之吾人々類ノ勉ムヘキ真ノ養生ナリト信ス。

（伊東重『養生新論』南江堂、一八九二年、五〜六頁）

このように伊東は、「生存競争優勝劣敗」の社会を生きるための手段として「資力」「体力」「脳力」を挙げる。「養生」とは、この三つの力において、「余裕」を生ぜしめることであると端的にとらえる。

そして、伊東はさらに『養生哲学』において、この養生観を国家存立の課題に敷衍する。彼は同書において、「国家は生活せる有機体なり」（伊東重『養生哲学』南江堂、一八九七年、一〇九頁）として、国家有機体説に依拠した次のような「国家の養生」を論じる。

而して競争場裡に立って劣敗の禍を免れ優勝の勢を制せんと欲せば、競争三力皆共に余裕あるを要すること毫も人類と異なることなし。例之ば列国の間に介立して他邦の凌辱を防ぎ、国権を張り亡国の禍を免れ一国の独立を維持せんと欲せば、教育を普及せしめ忠君愛国の思想を鼓舞振作して国家脳力の余裕を養存せんことを務め、武を講じ兵を練り、国家体力の余裕を養存せんことを務め産を興し農商を勧め、国家資力の余裕を養存することを務めざるべからず。（同前、一一九～一二〇頁）

ここには、社会進化論と国家有機体説を忠実に祖述した国家の「養生」の意義が論じられている。さらに、伊東は、以下のように「国家の養生」と個人の養生が漸層構造にあることを主張する。

然るに今国家の脳、体、資三力は人民各自の脳、体、資三力の合計にして、国家三力の余裕は亦人民各自三力の余裕の合計たりとせば、一人一身の養生は恰も国家の消長に関係するものなり。故に一国の富強を欲せば先づ一人一身の養生を基とせざるべからず。……然らば一人一身の養生は自己の為めのみならず国家に対する義務として守らざるべからず、又四千余万の同胞に対するの道徳として実践賤行を務めざる可らず。（同前、一二〇～一二一頁）

ここにおいて明らかなように、伊東においては、養生は国民の実践道徳として位置づけられるべきであって、個人が養生を尽くすことが結果として「国家の養生」、すなわち優勝劣敗の競争において国家が優位を占めることができると考える功利主義的養生観が示されている。こうした思想は、明治後半期の国家・社会思想に敏感に対応した養生観として、時代と養生との関係を明確に映し出したものとみることができるが、それとともに、この伊東の養生観は、個人の心身を豊かで充実した状態とし、もってその個人の生の営みをより芳醇に開花させる「自己への配慮」の精華としての養生観とは大きく隔たるものであることを認識せざるを得ない。

六　おわりに——養生の復権

以上の養生思想の史的概観から、こんにちの思想的状況における養生の意義を再考してみたい。こんにちの「養生思想」の現況は、ひとつは疾病や傷害などの健康・生命危機からの回生としての「養生」の理解であり、病後の生活管理や慢性疾患等でのセルフケアを意味する概念として用いられている。この意味での養生は、中国思想における「養生思想」や近代前の日本の養生思想の一部を担うものに過ぎない。また、明治中期以降のある時点で広がった国家・社会的含意をもつ「養生」の側面はほとんど用いられることはない。

ただし、いま一方で、こんにちの現代科学の最先端を象徴するような先進医学のもつある種の機械論的身体観や生命観に対する対向的思潮として、非西洋的保健医療文化の集積的概念としての「養生」は相当程度の普及と理解を得ているといえる。東洋医学の諸体系をはじめとする種々の補完代替医療の健康観の基礎となる思想としての「養生」は、近代西洋医学への対抗文化として一定の意義と影響を有しているとみなければならない。その背景には、これまで概観してきたように、思想としての「養生」に人間の生やその心身の理解と活用に関する捨てがたい親和性が内包されていることが布置している。

そのことを端的に示すのが、現代の健康をめぐる文化状況における「養生」の復権の動向である。とくに現代生活における生活者としての主体喪失の状況と生命危機からの回生としての「養生」の意義の再評価の動向は相応の社会的影響力をもちつつある。一九九〇年代の後半以降、さまざまな主張の多様性を含みながらも現代版「養生のすすめ」ともいうべき啓発書が刊行されている。例えば、野坂昭如『大養生』（一九九七年）、五木寛之『養生の実技』（二〇〇四年）、五木寛之・帯津良一『養生問答』（二〇一〇年）、玄侑宗久『養生事始――自愛の手引書』（二〇一二年）など多くの啓発書が公にされた。そこに共通する視点は、過剰な健康志向の戒めであり、同時に緩やかなセルフケアともいうべき養生の方法論の推奨である。五木寛之は、「養生の門をくぐれば、そこには文化人類学から、歴史、科学、音楽、宗教、哲学、医学、演劇、美術、その他ありとあらゆる広大な文化の流れが展望できるだろう。……長い養生史をたどることで短い人生がより豊かな時間に変る可能性がある。それは自然の一部としての自己を実感することだから」（五木寛之『養生の実技』）と述べ、養生が人間の生き方全容に関わる事象であることを示唆している。このような文化人の養生に対する考え方と一部の実践経験の「語り」は、こんにちの養生の大衆化への指向を大きく方向づけている。

宗教が、信仰という精神世界での超現実的価値への希求であるという本質とともに、日々の人々の生活の現実に具体的な指針をあたえるものでもあるという側面（久木幸男「生活の原理としての宗教」『日本の宗教過去と現在』）をもつとするならば、養生の思想と文化は、変動きわまりない現代社会を生きる人々の「生活の原理」として、日々の生き方を方向づける役割を自ずともっているとみることができる。それゆえの養生に対する今日における関心の高さと解するべきであろう。

（1）古代中国の養生思想の展開については、坂出祥伸編『中国古代養生思想の研究』（平河出版社、一九八八年）を参照。とくに、古代諸思想との関連については、同書第二章「古代諸思想と養生説」所収の八論文において詳細に論及されている。また、坂出祥伸『道教と養生思想』（ぺりかん社、一九九二年）および坂出祥伸「「気」と養生　道教の養生術と呪術』（人文書院、一九九三年）を参照。

（2）以下の「道教」の定義と解釈およびその展開については、福井康順・山崎宏・木村英一・酒井忠夫『道教1　道教とは何か』（平河出版社、一九八三年）の酒井忠夫・福井文雅「道教とは何か」（六～一〇頁）を参照。

（3）以下の中国養生論の概史については、吉元昭治『養生外史――不老長寿の思想とその周辺（中国篇）』（医道の日本社、一九九四年）、瀧澤利行『近代日本健康思想の成立』（大空社、一九九三年）を参照。

（4）以下の日本における養生論の展開については、吉元昭治『養生外史――不老長寿の思想とその周辺（日本篇）』（医道の日本社、一九九四年）、瀧澤利行『近代日本健康思想の成立』、および瀧澤利行『養生論の思想』（世織書房、二〇〇三年）を参照。

参考文献

坂出祥伸編『中国古代養生思想の研究』（平河出版社、一九八八年）
坂出祥伸『道教と養生思想』（ぺりかん社、一九九二年）

瀧澤利行『近代日本健康思想の成立』（大空社、一九九三年）
『養生論の思想』（世織書房、二〇〇三年）

第七章　人神信仰と戦没者慰霊の成立

今井昭彦

一　はじめに――ホトケからカミへ

ホトケの世界

日本の古代社会は、宗教的には神々の世界が中心であったが、六世紀に朝鮮半島の百済から仏教が伝来し、やがてこの外来宗教が世の中に定着していくことになる。これにともない、日本古来の神々と仏教との神仏習合は進展していく。この神仏習合は、さまざまな形で体現されていくが、いずれにしても、当時の為政者である天皇や貴族は仏教と深く関わるようになり、都には大寺院が建立されていき、極楽浄土への往生を希求するなど、彼らも仏式による埋葬の対象となっていった。とくに中世に入ると、新たに生まれた鎌倉仏教らが、一般庶民の送葬にも積極的に関与していったといわれている(1)。このように日本社会において、死者に関しては、一般的に「カミ」ではなく、「ホトケ」として慰霊・供養されてきたのではないかと考えられる。

近世におけるカミの出現

ところが近世になると、状況は変化していく。当時の支配者層であった武士階級を中心に、「人を神に祀る」霊神《れいじん》信仰（人神信仰）が出現するようになるからである。これはもっぱら神道界において、中世の吉田《よしだ》兼倶《かねとも》（一四三五～一五一一）を祖とする吉田神道（唯一神道）が管轄する領域であった。この人神信仰の典型的な事例としては、戦国時代末期に天下統一を果たした豊臣秀吉（一五三七～一五九八）が、近世への移行期にあたる慶長年間に、京都東山に豊国《とよくに》大明神として祀られたことであり、後に秀吉を祭神とする豊国神社（後の別格官幣社）が創建される。続いてこの先例にならい、江戸幕府を開いた徳川家康（一五四二〜一六一六）が、同様にカミである東照大権現として、日光東照宮や久能山東照宮（いずれも後の別格官幣社）、その他に祀られたことである。家康の遺体は日光に埋葬されている。これにともない諸藩でも、藩祖や藩主をカミとして祀る神社が創建されるようになった。

たとえば家康の孫で会津藩祖の保科正之《ほしなまさゆき》（一六一一〜一六七二）は、吉田神道を継承した吉川惟足《これたり》（一六一六〜一六九四）の影響によって、生前に土津《はにつ》霊神となり、その死から数年後の延宝年間（一七世紀）に会津磐梯山麓の土津神社（後の県社）に祀られた。遺体も同地に土葬されている。また八代将軍吉宗の孫で、一八世紀に「寛政の改革」を断行した老中松平定信《まつだいらさだのぶ》（奥州白河藩主、一七五八〜一八二九）は、人間至誠を貫けば神となることを主張し、生前にみずからが神であることを明らかにして、自己の木像を家臣たちに祀らせて守国霊神となっている。このように死後だけでなく、生前にもカミとして祀られる事例が現れることになった。

他方、武士階級以外ではどうであったか。近世中期以降、とくに百姓一揆が頻発していくが、その指導者たちは幕府や藩により処罰の対象とされた。彼らの殆どは処刑という、全く予期せぬ「非業の死」をとげることになったから、この世に対する未練の念は強く、したがって人々に祟りをもたらしやすい御霊《ゴリョウ》として祀られるようになる。しかし、しだいに彼らは地域社会において英雄化されていき、ムラのために命を捧げた「義民」として崇敬されるようになり、その魂は荒魂《あらたま》から和魂《にぎたま》に転換して、人々に幸福をもたらす収穫の農神などの形で信仰されるようになる。

また寛政の改革以降、一九世紀に入ると幕末期に至るまでに黒住《くろずみ》教や天理教・金光《こんこう》教などの、いわゆる教派神道が出現していく。とくに天理教の教祖中山みき（一七九八〜一八八七）や、金光教の教祖赤沢文治《あかざわぶんじ》（川手文治郎、一八一四〜一八八三）らは、先進農村地帯で崩壊しつつあった旧地主層に属する出身であった。たとえば赤沢は、人々に天地金乃神《てんちかねのかみ》への信仰を説き、赤沢自身は後に生神金光大神《いきがみこんこうだいじん》と呼ばれるようになる。幕藩体制がゆらぎ始め、地域社会が大きく変動していくにしたがって、人々に価値観の転換をもたらし、世の中に新たなカミの出現を生み出すことになったといえよう。このように民衆・民俗レベルにおいても、カミに対する信仰が広がっていき、こうした新宗教の誕生に結びついていくのである。

近代におけるカミ

明治維新以降の近代日本は、戦争の歴史と不可分の関係にあった。この時代に生み出された夥しい数の近代の戦没者も、非業の死をとげた荒魂であり、御霊であった。彼らは遺族の手から離れ、国家によってホトケではなく、神式により東京招魂社を起源とする靖国神社（後の別格官幣社）や、その実質的な地方末社（分社）で「地方の靖国」である各地の護国神社（前身は招魂社）に、カミとして祀られていくことになる。

とくに戦没者をカミとして祀る背景には、天皇崇敬を基盤として神道（神社）が国教化されていった、いわゆる国家神道が確立されていく歴史があった。つまり政治的な支配者である天皇を「現人神《あらひとがみ》」、すなわち普遍的価値を体現する「生き神」として崇敬し、その下で天皇（国家）のために命を捧げた戦没者を、現人神に準ずる「国の神」として位置づけようとしたのである。こうして全国民に天皇崇敬を強制する国家神道は、人間の基本的権利に根ざす「信教の自由」からは、ほど遠いものとなった。

歴史の教科書では、明治新政府は西国雄藩の「薩長土肥《どひ》」を中心とした討幕勢力によって樹立され、とくに現今の人神信仰である靖国（英霊）祭祀に関しては、通説によるとその源流を、維新期に最も多く招魂社を建立した長州藩や津和野藩の宗教政策に求められることが多い。それは誤りではなかろうが、一方で薩摩藩における政策も、近代の戦没者慰霊に関して大きな影響力を及ぼしたのではないかと考えられる。とりわけ薩摩藩に焦点をあてた議論は、今までに殆どなされていないのではないかと思われ、本章ではこうした新たな観点から検証を試みてみたい。

二　楠公崇拝と幕末の薩摩藩

楠木正成と水戸学

史上初の武家政権であった鎌倉幕府が一三三三（元弘三）年に滅亡すると、後醍醐天皇（一二八八〜一三三九）の独裁による「建武の新政」が始まるが、足利尊氏が光明《こうみょう》天皇を擁立して離反することにより、この新政は瓦解し、後醍醐天皇は吉野に逃れて南北朝時代となった。この南朝をおこした醍醐天皇に忠誠を尽くした人物が、楠木正成（楠公《なんこう》、?〜一三三六）であった。正成は足利軍と摂津（兵庫）の湊川で戦い、戦死するが、死に臨んで、何度も生まれ変わり天皇（国家）の恩に報いるという「七生報国《しちしょうほうこく》」を誓ったとされ、正成はしだいに伝説化されていった。

江戸時代になると、正成の死は天皇に命を捧げた「忠臣の美談」として語られるようになり、御三家のひとつ、水戸藩の二代藩主徳川光圀《とくがわみつくに》（水戸黄門、一六二八〜一七〇〇）は、みずから筆をとって、その戦没地に正成の墓碑である「嗚呼《ああ》忠臣楠子《なんし》之墓」を建立している。それは光圀が正成を「忠臣」として改めて高く評価したあかしであり、その「忠魂《ちゅうこん》」（英霊）を世に顕彰していこうとするものであった。この正成の墓碑は、近代日本における対外戦争の所産で全国的に建立されるようになる、「ムラやマチの靖国」とされた「忠魂碑」の起源とも考えられるのである。

旧豊岡村（群馬県高崎市）の「忠魂碑」（乃木希典書、明治四〇年一〇月一六日建之）

このように楠公崇拝を基盤に水戸藩の学問として発展した水戸学は、幕末維新期の尊王攘夷（尊攘）思想のもとになった。光圀もまた、水戸の常磐《ときわ》神社（後の別格官幣社）にカミとして祀られることになる。そして江戸時代後期の水戸学者、会沢正志斎が著した『新論』は、後に尊攘運動の聖典とされ、会沢は広く人々が祀るべき祭日の一つとして「楠公忌」（五月二五日）を提案している。正成を「千古《せんこ》忠臣の第一等」で「人倫の模範」であり、「忠臣の亀鑑《きかん》」と位置づけたのである。また、京都の儒者である頼山陽《らいさんよう》が松平定信に呈した『日本外史』なども、同様に楠公崇拝を鼓吹する代表的な書物となった。やがて大老井伊直弼による「安政の大獄」（一八五八〜一八五九年）が始まる頃、御三家の筆頭である尾張藩においても、楠公らを祀る霊社が建立されている。このように徳川一門のなかからも楠公崇拝への気運は高まっていくのであり、思想的にも、幕藩体制は内部から崩壊の危機にさらされていくことになった。

薩摩藩における楠公崇拝

長州藩とともに討幕勢力の双璧となっていく薩摩藩においても、楠公崇拝は盛んであった。安政の大獄等への反撃としておこった一八六〇（万延元）年三月の「桜田門外の変」は、水戸浪士を中心に実行されたが、最後に井伊大老の首級を太刀先に掲げたのは薩摩浪士の有村次左衛門であった。この事件を契機に、尊攘運動は激化していくことになる。同年、薩摩藩の有馬新七らは、同藩内に社祠を建て楠公像を祀って尊攘の気運を高めるとともに、翌年にはこの社祠に願文を捧げて尊攘の実現を祈願した。

有馬は藩内で熱烈な楠公崇拝者として知られていた。挙兵を計画していた有馬ら薩摩藩尊攘派は、一八六二（文久二）年四月、京都伏見の寺田屋で、薩摩の国父と呼ばれていた島津久光《しまづひさみつ》（一八一七〜一八八七）の命により、同志七名とともに斬殺されている（寺田屋事件）。これに連座して、大坂の薩摩藩邸に禁錮中の久留米藩の真木和泉もまた、熱烈な楠公崇拝者であった。真木は水戸学から強い影響を受けており、五月二五日の楠公忌に、有馬ら八名の招魂祭を執行している。同年八月には、孝明天皇《こうめいてんのう》（一八三一〜一八六六）が長州藩の要請により幕府に対して勅文を下付し、幕府に攘夷の実行を促すとともに、落命した尊攘派志士たちの赦免と招魂弔祭の開催を命じている。さらに一一月には久光が、湊川での正成を祀る楠公社創建を朝廷に出願し、これは沙汰止みとなるものの、以後、薩摩藩は楠公社創建に関して影響力をもち続けることになる。後に真木は在京の尊攘派の中心的存在となり、一八六四（元治元）年七月の「禁門《きんもん》の変（蛤御門の変）」を主導するが、しかしこれに敗れて京都の天王山で自刃し果てた。このように注目すべきは、楠公忌と志士の招魂・慰霊活動が、具体的に重なり合っていくことである。

坂本龍馬（左）と中岡慎太郎（右）の墓碑（京都霊山護国神社）

藩主をカミに祀る

幕府は武士の葬儀を仏葬と定めていたが、幕末の志士たちはこれを嫌い、逆に神葬祭を望む傾向が強かったという。したがって京都東山の霊山《りょうぜん》の地には、薩摩・長州・土佐など各藩の志士が埋葬され、一八六二年には、最初の全国的な招魂祭が霊明舎によって執行された。霊明舎とは、吉田神道流の神葬祭を営む特異な葬祭施設（組織）であった。京都の近江屋で暗殺された土佐藩の坂本龍馬と中岡慎太郎もここに埋葬され、墓前には鳥居が建立されている。この地には、やがて京都霊山招魂社（現在の京都霊山護国神社）が創建され、国家により戦没者慰霊施設の本拠地にしようと目されたが、東京遷都により、その役割は東京招魂社に取って代わられることになる。

長州藩は一八六三（文久三）年五月、下関で外国船を砲撃し攘夷を決行したが、逆に外国艦船の猛攻を受けて惨敗した。一方、薩摩藩では同月、久光の兄で、前一一代藩主の島津斉彬《なりあきら》（一八〇九～一八五八）が勅命により照国《てるくに》大明神となり、翌年一二月、同藩の旧南泉院跡地に照国大明神を祭神とする照国神社が創建されている。明治維新期に創建されたなかで、後に別格官幣社となる神社のなかでは最も早い創建と考えられる。[2] ここに薩摩藩では、前藩主がカミとして祀られたのである。そして武力による攘夷は不可能であることを悟った薩摩藩は、対外的にもその政策を変更していくことになった。

三　薩摩藩と戊辰戦役戦没者の慰霊

戊辰戦役の経緯と戦没者

一八六八（慶応四）年一月三日、「鳥羽伏見の戦い」に始まる戊辰《ぼしん》戦役は、薩長らの討幕勢力による近代日本の新政権確立に向けての内戦となった。とくに薩摩藩が京都の東寺（教王護国寺、真言宗）において最初に「錦の御旗《みはた》」を掲げて以来、東征していく薩長らは「官軍」となり、他方の旧幕府勢力は天皇に歯向かったとして「賊軍」とされ、両者は激突したのである。旧幕府勢力の先鋒となったのは会津藩であったが、幕末の同藩は孝明天皇の信任のもとに行動したのであり、本来は「朝敵・賊軍」などではなく「忠臣」であったはずであろう。だが一転して「戊辰戦役朝敵の巨魁」と目され、八〜九月の会津戊辰戦役（鶴ヶ城攻防戦）は「戊辰戦役の天王山」となった。東北諸藩らは会津藩を支援して奥羽越列藩同盟を結成し、薩長勢力に対抗したが、同盟諸藩はみずからを「東軍」、対する新政府軍を官軍ではなく「西軍」と呼んでいる。

官軍の雄となった薩摩藩は、戊辰戦役勃発後の三月の神仏判然令に則り、大名諸家のなかでもいち早く徹底した廃仏毀釈を断行した。思想的には平田派復古神道の立場に依って、維新政府の神道国教化政策を先駆的に実施しようとしたためである。全国に先駆けて廃仏毀釈の実力行使を開始したのは一八六八年四月、比叡山配下にあった近江坂本の日吉山王社といわれているが、翌閏四月に薩摩藩は神仏分離を布達している。戊辰戦役に突入した最中にもかかわらず、同藩では廃仏が本格化していくのである。

薩摩の西郷隆盛《さいごうたかもり》（一八二七〜一八七七）は、周知のとおり、戊辰戦役で西軍参謀として中心的な役割を果たすが、次弟の西郷吉二郎は、西軍軍監として越後での長岡城攻防戦に参加し、一八六八年八月に同地で戦病死している。隆盛は弟の悲運を聞いて号泣し、剃髪したというが、その遺体は越後高田の金谷山西軍墓地（官修高田墳墓地）に埋葬された。土葬と推定される。同地には西軍約二〇〇名が埋葬され、薩摩藩の合葬墓は「戊辰薩藩戦死者墓」と刻まれている。

明治と改元された一八六八年九月八日は、会津戊辰戦役激戦の最中であり、九月二二日の会津落城によって、戊辰戦役は官軍の勝利となった。この会津落城日は、明治天皇（孝明天皇の皇子、一八五二〜一九一二）の誕生日であり、「天長節」が執行されている。「賊軍降伏日」が意図的に天皇誕生日、つまり明治国家の「祝祭日」に設定されたのである。この点は重要であろう。さらに翌一八六九（明治二）年にかけて、蝦夷地（北海道）では、東軍最後の戦いである「箱館の戦い（己巳《きし》戦役）」がおこるが、東軍の敗北はすでに決していた(3)。

会津戊辰戦役での会津藩士ら東軍戦没者は約三〇〇〇名、対する西軍戦没者はその一割程度であったといわれている。西軍本営が置かれた会津若松の融通寺（浄土宗）には、直ちに西軍墓地が造成され、西軍戦没者一五一体が埋葬された。これも土葬であったろう。そのうち薩摩藩埋葬者は三三体で、会津の地にも「戊辰薩藩戦死者墓」が建立された。同地は現在、東明寺（時宗）西軍墓地となっている。薩摩藩の戊辰戦役出陣者は約六〇〇〇名といわれ、戦没者総数はその一割の約六〇〇名を数えることになった。

一方、東軍戦没者の遺体は、見せしめのため約半年間、山野や路傍に放置され、腐敗するにまかされて、その埋葬が固く禁じられた。とくに飯盛山で自刃した会津少年白虎隊士の遺体の一部は、その惨状に涙した農民により密かに近くの妙国寺（日蓮宗）境内に埋葬されるが、西軍の知るところとなり、再び掘り返されて野に投棄されるというありさまであった。東軍戦没者は敵ではなく、それ以下の「罪人」として位置づけられ、ましてや墓碑の建立などはままならなかったのである。(4)

江戸開城後の「戊辰上野の戦い」で東軍彰義隊を壊滅させ、「日本陸軍の父」といわれた長州の大村益次郎《おおむらますじろう》（一八二五〜一八六九）らによって、東京九段に東京招魂社が創建されている。それは己巳戦役が終了（五稜郭落城）し、東軍が完全に降伏（五月一八日）した直後の一八六九年六月であった。社地の選定に関しては、当初上野の地が有力であったが、「賊軍亡魂の地」であるという理由により、九段に決定したという。(5)

東京招魂社には、まず戊辰・己巳戦役の西軍戦没者三五八八名の「忠魂」が、国家によりカミとして合祀された。同社は「巨大な忠魂碑」であり、遺骨はないが、「官軍」のみを祀る宗教施設であった。したがって、「朝敵・賊軍」とされた東軍戦没者は祭神とはなれず、除外されていったのである。同社の処遇は、皇祖（天照大神《あまてらすおおみかみ》）を祀り、全国の神社の最高位を与えられた伊勢神宮に次ぐ優遇とされた。また、東西両軍最後の激戦地であった箱館（函館）にも、東京招魂社の実質的な末社となる汐見《しおみ》招魂社（後の函館護国神社）が創建され、戦場（地元）において己巳戦役の西軍戦没者のみがカミとして祀られた。このように官軍戦没者は、東京および地方において重層的に祀られていくことになる。

とくに東京招魂社への合祀は、天皇の意志により決定された。その理由としては、その死を深く不憫に思うとの、天皇の仁慈によるものとされていたからである。したがってその合祀は、個々の将兵の内発的な意志よりも、忠奮戦死の行為自体への天皇の「叡感」に発していたのである。非命に倒れた将兵の「忠敢義烈」は、天皇から「士道の標準」と評価され、それは単なる慰霊から「忠魂」の顕彰へと転換していき、今後も戦い続けていく多くの将兵の励ましとなるはずであった。一八七〇（明治三）年一月には、天皇から「大教宣布の詔」が発せられ、神道を中核とした国民教化政策が打ち出されたのである。

薩摩藩の廃仏毀釈

薩摩藩では戊辰戦役後の一八六九（明治二）年三月、最後の一二代藩主島津《しまづ》忠義《ただよし》（久光の息子、一八四〇〜一八九七）の夫人、暐《てる》姫（斉彬の娘）の葬儀が神式で執行され、六月には島津家始祖の島津忠久以下の歴代の祭祀を神式に改め、一一月中に藩内の寺院一六一六寺が全廃された。一般的に、石高が大きかった大名ほど菩提寺関係費用も大きく、こうした経費の点や他の要因もあって、神葬祭に改典する必然性は高かったという。

当初、島津家の菩提寺は廃仏の対象から除外されていたが、かつて島津元久が一四世紀に島津家代々の菩提寺として創設した薩摩第一の寺院、福昌寺（曹洞宗）を筆頭に、有力寺院もやがて廃寺の対象となった。福昌寺は「西国随一の巨刹」ともいわれていた。その他の有力寺院としては、既述の島津忠久を祀る浄光明寺（時宗）や、同家の祈願所である大乗院なども含まれていた。浄光明寺は、鹿児島市内では最古の寺院で、鎌倉仏教が薩摩に入り最初に造られた寺院であるという。廃仏毀釈によって薩摩藩では三〇〇〇名近い僧侶が還俗し、その三分の一近くが兵士になった。こうして約一〇万石という寺領が没収されたことにより、同藩は多額の軍事財源を確保し、また兵員数を増強することができたのである。ここに藩士らの戊辰戦役戦没者も、藩主家にならいカミとして祀られる地盤が形成された。

戦没者をカミに祀る

それでは薩摩藩における戊辰戦役戦没者の慰霊は、どのように展開したのだろうか。それは「鳥羽伏見の戦い」直後の一八六八年一月一二日、明治天皇が薩摩藩戦没者の「忠魂」を集め一社を建立して永く祭祀すべしと、藩主島津忠義に対して金五〇〇円を下賜したことに始まる。この資金をもとに同藩は戦没者をカミとして祀る招魂社、つまり靖献《いさたま(せいけん)》霊社を創建した。同社は会津戊辰戦役に突入する直前の一八六八年七月に、鹿児島鶴丸城下の山之口馬場角の松原神社に近接した場所に創建され、同社の傍らには、戦没者の遺体の代わりに遺品を収めた「招魂塚」が築かれたという。戦没者の遺体は、すでに言及したように全国各地の戦場に埋葬されたから、戦没者の魂である「忠魂」のみが徐々に合祀されていったのである。この靖献霊社が現在の鹿児島県護国神社の起源である。

翌一八六九年四月、鶴丸城内の対面所で神式による招魂祭が執行され、戦没者遺族の拝礼と、式後に藩主への謁見が許された。そして己巳戦役が終結して約五ヶ月後の同年一〇月、靖献霊社は照国神社の傍らに移転新築され、かつての江戸での殉難者等も合祀された。現在の照国神社境内の「戊辰駐車場」がその跡地である。ただし、招魂塚はそのままであったという。この頃、靖献霊社は靖献神社と改称し、最終的に戊辰戦役戦没者約六〇〇名が合祀された。このなかには己巳戦役戦没者も含まれていると考えられる。靖献霊社の創建は、既述のように東京招魂社の創建よりも一年前であり、薩摩藩の戦没者は地元の靖献神社、そして東京招魂社にカミとして重層的に祀られることになった。

既述のように、戊辰・己巳戦役は西軍雄藩を主体とした官軍の勝利に終わり、旧幕府勢力（賊軍）は一掃されて、最終的に「勝てば官軍、負ければ賊軍」となった。こうして明治新政府は新たな一歩を踏み出していくが、しかし一八七七(明治一〇)年までは「内乱の時代」と呼ぶことができよう。それは佐賀の乱(一八七四年)・神風連の乱(一八七六年)・萩の乱(一八七六年)そして西南戦役(一八七七年)など、いわゆる「不平士族の反乱」が西国・九州方面で頻発するからである。

一方、既述の鶴丸城内で招魂祭が執行された同月、太政官は楠社(後の湊川神社)を京都ではなく、兵庫湊川に創建する旨を沙汰している。これは従来の薩摩藩の意向が反映された結果であるとともに、明治天皇が浪速(後の大阪)遷都の方針を内定したことに関連しての、天皇の意向でもあったという。そして三年後の一八七二(明治五)年五月、湊川に湊川神社が創建され、楠木正成が祭神とされた。正成は国家によって公式にカミとなったのである。同社は近代最初の別格官幣社となった。このように明治初期の国家による神社創建は、南朝の「忠臣」を祭神とする諸神社に始まるのである(6)。

四 西南戦役戦没者と神式祭祀

西南戦役の顚末

一八七一(明治四)年七月の廃藩置県は、藩政時代あるいは武士の時代の終わりを告げるものであったが、これから二年後の一八七三(明治六)年におこる朝鮮半島をめぐる征韓論争は、政府内を大分裂させる結果となった(明治六年の政変)。政府の重鎮であった西郷隆盛は、当時唯一の陸軍大将で、参議・近衛都督でもあったが、この征韓論に敗れ、西郷を始めとした薩摩出身者らは同年一〇月、政府の職を辞し大挙して鹿児島に帰省した。とくに天皇直属の軍隊であった近衛兵は、征韓論賛成派が中心であったから、その兵営はほとんど空き家同然になったという。これによって政府は、西郷と幼なじみであった薩摩の大久保利通が完全に牛耳ることになり、同年一一月、大久保は念願の内務省を新設し、みずから初代内務卿（内務大臣）となって、警察と地方行政の全権を一手に掌握した。

鹿児島に下野した西郷は、私財を投じて私学校を設立し、これは旧藩士子弟らの軍事訓練の施設となった。私学校は、薩摩における陸軍士官学校（陸士）や海軍兵学校（海兵）というべきものであった。鹿児島県庁も私学校党（西郷党）によって占められ、薩摩は独立国の様相を呈したのである。こうして西郷を中心に、薩摩には反政府勢力が急速に渦巻き、士族の反乱は時間の問題とみなされていた。

一八七七（明治一〇）年一月二九日夜、私学校生徒は鹿児島の草牟田陸軍火薬庫を襲撃し、西南戦役（丁《てい》丑《ちゅう》戦役）は勃発した。翌二月中旬、五〇年ぶりといわれた大雪のなかを、西郷は薩軍を率いて鹿児島を出発し、陸路を熊本鎮台（陸軍部隊）が置かれていた熊本城をめざした。薩軍の総勢は一万三〇〇〇余名であったが、そのほか九州各地から援軍（党薩諸隊）が加わり、総兵力は三万一七〇〇名に及んだという。鎮台兵は、国民皆兵のもとに新たな徴兵制度により、農民などから広く徴募された兵士であった。薩軍はこれを軽蔑し、容易に制圧できると考えていたが、しかしそれは大きな誤算であった。

政府は薩軍の出兵に対して鹿児島賊徒征討令を発し、西郷の官位は剥奪され、「維新随一の功臣」であった西郷は一転して「賊徒」となった。官軍（政府軍）の動員兵力は六万余名で、最初の戦闘は二月二一日の熊本城下での両軍の衝突であったが、薩軍はこの熊本城攻防戦につまずき、結局落城させることはできなかった。以来、九月下旬まで、半年以上にわたる戦役が展開されることになる。戦場は南九州全域、つまり現在の熊本・大分・宮崎・鹿児島の各県に及び、二九〇万名の民衆が戦禍に巻き込まれたという。熊本城攻防戦の後、とくに著名な激戦は三月の「熊本田原坂《たばるざか》の戦い」であり、最後の決戦となったのは九月の鹿児島城山攻防戦であった。

九州各地を転戦した薩軍は、九月一日に鹿児島に戻ったが、兵力は四〇〇名に満たなかったという。薩軍は鶴丸城ではなく、その背後の城山《しろやま》（標高一〇七メートル）に本営を構え、西郷らの幹部は各所の洞窟に分散した。官軍は続々と結集し、薩軍を三重に包囲したのである。そして九月二四日の早朝、官軍は薩軍に総攻撃を開始した。

西郷ら薩軍幹部は洞窟を出て岩崎谷口の塁に進行中、西郷は被弾して倒れた。別府晋介（元近衛陸軍少佐）に介錯を命じ、五一歳の生涯を閉じたのである。西郷の首級は近くの竹藪のなかに埋められた。午前八時には銃声は全く止んだという。この日、薩軍戦没者は西郷以下約一六〇名、降人は約二〇〇名であった。最新兵器を駆使し組織的に戦った官軍に、薩軍は完敗したのであった。この戦役の悲劇性は、官・賊に分かれた将兵が、ともに維新戦役の朋友であり、あるいは同じ郷党の親友や親兄弟であったことである。官軍・薩軍双方の戦没者は、それぞれ約七〇〇〇名を数えた。戦後処理において、処分の対象となった薩軍関係者は二七六〇〇余名、そのうち二二名が斬首されている。ここに近代日本における最後で最大の不平士族の反乱は幕を閉じた。

戦没者の埋葬

西郷の首級は竹藪のなかから掘り出され、その胴に添えられた。西郷らの遺体の検視が済むと、廃寺となった旧浄光明寺境内に西郷以下、薩軍幹部の遺体が運ばれ土葬されることになった。この地は錦江湾《きんこう》（鹿児島湾）を望み桜島と対峙し、城山を右手に鹿児島市街を見下ろすことのできる風光明媚な高台であった。戦役時、官軍は城と間違って同寺を砲撃したという。

実際に埋葬作業にあたったのは鹿児島県令岩村通俊（旧土佐藩士）であった。西郷の遺体は大きな長持に入れられ、他の幹部の遺体はそれぞれ毛布で包まれた。岩村みずから、個々の戦没者の氏名を書き付け、墓標が建てられた。岩村は、この墓域を東京高輪泉岳寺《せんがくじ》（曹洞宗）の赤穂浪士墓所のようにしたいと考えていたという。これが現在の南洲《なんしゅう》墓地の起源であり、「南洲」とは西郷の号である。このように賊軍でありながら、その遺体は丁重に処遇された。それは、一〇年前の会津戊辰戦役における東軍戦没者の処遇とは比較にならない、雲泥の差であった。

赤穂浪士墓所（東京・泉岳寺）

その後、この墓地には連日、士民の参拝者が行列をなすようになったという。そしていつしか同地には大旗が翻り、この旗の布切れを身につければ「災難除け」になるという風評が広がった。これは、横死した西郷ら戦没者に対する御霊信仰であり、地元における西郷らの人気の高さを物語るものである。

一方、一六世紀にキリスト教宣教師ザビエルが、日本に初めて上陸した地とされる鹿児島の祇園之洲には、官軍墓地が設営され一二七〇名が埋葬された。この祇園之洲官軍墓地は、南洲墓地から見下ろす地点にある。

「西郷隆盛墓」（中央、南洲墓地）

戦役終了後の一一月、東京招魂社ではかつてない盛大な臨時招魂祭が執行され、官軍戦没者がカミとして祀られていった。明治天皇の東京招魂社への初参拝は、一八七四（明治七）年一月の例大祭の折であったが、西南戦役後のこの臨時大祭の時、明治天皇は同社に三回目の参拝をして、金一〇〇〇〇円を下賜している。以後、臨時大祭時の天皇参拝が恒例となっていく。天皇は臣民に対して頭を垂れることになった。これとともに、靖献神社は官祭鹿児島招魂社と改称し、実質的な東京招魂社の末社となって、同社には地元出身の官軍戦没者が合祀された。東京招魂社の祭神であることが、まず何よりも全国各地の招魂社の祭神となる条件となった。このように戊辰戦役戦没者とともに西南戦役官軍戦没者も、東京および地方において重層的に祀られていくことになる。

慰霊活動の展開

戦没者の慰霊・顕彰活動は、仏式の回忌等を契機として進展していく。その意味では神仏習合的である。西南戦役三回忌にあたる一八七九（明治一二）年六月、東京招魂社は一万八八〇柱を祭神とする別格官幣社靖国神社と改称し、内務・陸軍・海軍三省の管轄となった。その祭典は神社祭式に準拠し、陸・海軍両省の官員が執行することになった。同社には宮内省から直接、勅使が差遣されるなど、天皇との直結度においては、別格官幣社のなかでも別格であったのである。

鹿児島ではこの三回忌に、西郷らを祭神とする南洲神社創建の動きがおこる。しかし一挙に神社創建にまでは至らず、とりあえず南洲墓地に参拝所の建設が認められ、翌一八八〇（明治一三）年一月に参拝所は落成する。また、城山内外に散在する薩軍戦没者の遺骨が回収され、南洲墓地に改葬されている。さらに七回忌にあたる一八八三（明治一六）年には、九州各地に散在する薩軍遺骨の大規模な回収作業が実施され、一九〇〇余体が南洲墓地に改葬された。現在の同墓地の景観はこの時に成ったものである。同時に、東京では西郷銅像の建立計画がおこったが、これも直ちには実現しなかった。

一八八四（明治一七）年は戊辰戦役一七回忌にあたり、同年七月には華族令が制定され、これにより長州出身の伊藤博文ら士族二九名が華族に列せられて、衆人の目を驚かせることになった。このうち薩摩出身者は一三名と最多であったものの、しかし反政府の立場にあった者は授爵の対象ではなく、隆盛の遺子も当然除外されていた。なお、士族の名義はしだいに社会的威信を失っていき、近代日本の社会的身分は実質的に皇族・華族・平民の三層からなる構成となっていく。

靖国神社は一八八七（明治二〇）年三月、内務省が外れて陸・海軍両省のみの管轄となり、宗教施設であるとともに正式に軍事施設として位置づけられた。この軍事施設であるという点に、何よりも靖国神社の特質があった。また同年九月には、宮内省が沖縄県尋常師範学校に天皇・皇后の「御真影」を下付し、以後、全国の府県立学校への下付が実施される。そして政府の視点は、内戦から対外戦争へと向けられていくことになり、日本が近代国家として欧米列強と肩を並べていくためには、憲法制定が必須の条件とされたのである。

明治憲法（大日本帝国憲法）の発布は、戊辰戦役二三回忌の前年にあたる一八八九（明治二二）年二月であ

南洲墓地と南洲神社（奥）

った。この憲法は、至高の宗教的権威をもつ天皇が定めた欽定憲法であり、その履行を代々の天皇の「神霊」に誓い、また「神佑《しんゆう》」（神の助け）を賜るように祈る「告文」が掲げられていた。実態は「政教一致」の国家体制をめざすものであり、明治憲法は国家神道的な枠組みのなかで発布されたことが明らかであった。これにより近代日本の歩むべき方向性は確定したのである。それとともに大赦令が公布され、維新以来、国事犯によって罪を得た者の賊名は消滅することになった。こうして一〇余年を経て西郷隆盛は賊名を解かれ、正三位に復されたのである。

　憲法発布直後、早速地元の『鹿児島新聞』が号外を発行し西郷の名誉回復を伝え（一八八九年二月）、南洲墓地参拝所では定例祭兼報告大祭が挙行された。西郷および薩軍将士の名誉回復に向けての動きが加速していくのである。出版物としては、その先取りをした『南洲翁手抄誌録《なんしゅうおうしゅしょうしろく》』（一八八八年五月）や『南《なん》洲翁遺訓《しゅうおういくん》』（一八九〇年一月）などが刊行され、西郷の業績が活字にされていった。また、南洲墓地入口には現在見られる大鳥居が奉納され、仏式の回忌を期としながらも、西郷らは藩主に準じて、ホトケではなくカミとして位置づけられるようになった。慰霊から顕彰へ重点が置かれていくようになる。

　こうしたなかで、東京での銅像建立計画も再燃することになった。大赦令公布直後の祝宴で西郷銅像建立が発議され、一八九一（明治二四）年九月には、内務省により宮城（皇居）正面外広場に西郷銅像の建立が許可された。しかし翌年に突然取り消しとなり、上野公園での建立に変更となるのである。罪名消滅にはなったものの、東京では依然として西郷は「逆賊・国賊」であるという根強い世論があり、宮城での銅像建立は排除されたのである。上野公園で西郷銅像の除幕式が執行されたのは一八九八（明治三一）年一二月で、その姿は当初予定されていた陸軍大将の姿ではなく、愛犬を連れた周知のラフな「兎狩り」（兵児帯《へこおび》）の姿となった。この銅像は「半官半賊」の姿ともいえようが、いずれにしても西郷は復権し、東京市民の眼前に銅像として出現した。

当初の西郷銅像予定地であった宮城広場には、西郷銅像に代わり楠木銅像が一九〇〇（明治三三）年七月、住友財閥によって建立されている。楠木銅像を靖国神社に建立する計画もあったというが、西郷と同様に正成もカミとなり、銅像となった。この間、一八九三（明治二六）年二月には、楠木銅像に代わり靖国神社参道中央に大村益次郎の銅像が除幕されている。その顔は、上野の山に籠もった東軍彰義隊（賊軍）を睨み続けることになった。このように帝都での銅像建設をめぐり、水面下で薩長の綱引きが激しく展開されたのである。現在、「東京の三大銅像」とは、上野の西郷銅像、皇居の楠木銅像、そして靖国神社の大村銅像をさすという。

鹿児島では、銅像の原型となった南洲木像が一八九九（明治三二）年二月に南洲墓地入口にて除幕され、九月には城山の西郷落命の地に「南洲翁終焉之地」碑が建立された。また同年四月、南洲墓地参拝事務所は、腐朽して姓名湮滅のおそれある戦没者の標木を改め、四六基の墓石を建立した。このように西郷の賊名が解かれてから一〇年ほどの間に、建碑等の事業が矢継ぎ早に行われたのである。

西郷らの名誉回復をさらに後押ししたのは、日本の対外政策の展開であった。日本にとって総力戦となった日露戦役後の一九一〇（明治四三）年八月、韓国併合が現実のものとなった。これにより翌九月には、征韓論を唱えた西郷の霊前で「日韓併合奉告祭」が営まれ、西郷は日本の大陸政策の「先覚者」と目されるに至ったのである。西郷への評価が益々高まっていくことになる。

大正期に入ると、南洲墓地参拝所は一九一三（大正二）年四月に再建され、南洲祠堂と改称された。そして一九一九（大正八）年には、この南洲祠堂の後方に西郷を始めとした「郷土偉人」の遺品を多数展示する鹿児島市立教育参考館が開館し、これから三年後の一九二二（大正一一）年六月、同祠堂は南洲神社に発展している。ただし無格社ではあったが、西郷ら薩軍戦没者約七〇〇〇名は、地元で正式にカミとして祀られたのである。

日露戦役後の地方改良運動の一環として実施された、いわゆる「神社整理」によって、とくに村社・無格社クラスの統廃合が全国的に推進されていたが、こうした潮流のなかで南洲神社の創建が許可されたことは、全く異例破格の取扱いであった。こうして鹿児島では、薩軍戦没者も神格化され、別格官幣社靖国神社および官祭鹿児島招魂社の祭神となっている官軍戦没者と、実質的に同格になったといえよう。

五　おわりに

日本社会において、死者はまず慰霊・供養されなければならなかった。それはカミではなく、一般的にホトケとして祀られることを意味していたと考えられる。この場合、もちろん神仏習合的要素は考慮されなければならないだろう。しかし近世に入り、顕彰や崇敬の対象とされるようになった権力者や義民・新宗教の教祖たちは、カミとして祀られ、これらはやがて、人神信仰の典型となった近代日本の天皇制が、確立していく基盤になったと考えられる。それとともに、明治初期の内戦における近代の官軍戦没者も、天皇に準じたカミとして靖国祭祀の対象となっていった。一方、靖国祭祀から除外されていった賊軍戦没者は、地域社会において、多くはホトケとして祀られた。しかし西南戦役での薩軍の場合は、神葬祭を推進した薩摩藩の宗教政策を背景として、旧藩主家にならい、賊軍ではあったものの、官軍と同列に南洲神社にカミとして祀られ、顕彰の対象となっていった。

こうしてみると近代の戦没者は、カミとホトケとの間で揺れ動いているといえようが、ヒエラルヒー上層の公的な藩や国家レベルではなく、基層の私的な家（イエ）や常民レベルにおいて、戦没者をカミに祀る文化がどこまで浸透していたのかは、さらに検討を要する点であろう。なぜなら管見によれば、戦没者は土台において、先祖祭祀の領域に組み込まれ、ホトケとして慰霊・供養されている場合が圧倒的に多いと判断できるからである。これは、近代の対外戦争において戦没者の遺骨を納める墓とされた、「忠霊塔」をめぐる問題とも深く関連していくことになる。また現今の問題として、靖国神社（遺骨なし）と千鳥ヶ淵戦没者墓苑（遺骨あり）との問題にも繋がっていく事柄ではなかろうか。いずれにしても、近代日本において戦没者がカミなのかホトケなのかという問題は、宗教学や民俗学・社会学における大きな課題であろう。

（1）古代社会においては、死の穢《けが》れ（死穢《しえ》）を忌避する意識が強かったが、中世になると遁世《とんせい》僧の一つであった禅僧たちも、死穢をものともせず、積極的に送葬に従事していった。そして禅僧は、庶民の送葬のみならず、室町幕府の将軍や天皇の送葬を行っていった（松尾剛次『葬式仏教の誕生』平凡社新書、二〇一一年）、という。

（2）長州の「毛利家中興の祖」とされた戦国武将の毛利元就が、豊栄《とよさか》の神号を与えられたのは一八六九（明治二）年であり、これから二年後、長州藩内に元就を祭神とする豊栄神社（後の別格官幣社）が創建されている（白井永二他編『神社辞典』東京堂出版、一九九一年）。

（3）教科書では、箱館の戦い（己巳戦役）が終結した一八六九年五月をもって、戊辰戦争（戊辰戦役）の終了としているが、一八六九年は「辰の年」ではなく「巳の年」であった。当時の政府の論功行賞では、戊辰戦役と己巳戦役とを区別しているのである（今井昭彦『近代日本と戦死者祭祀』）。

（4）会津藩士の努力により、飯盛山の白虎隊一九士の遺体は、そのまま飯盛山に土葬され、他の東軍戦没者の遺体は、ようやく会津若松の阿弥陀寺（浄土宗）と長命寺（浄土真宗）に土葬されることになる。後に建立された両寺の墓碑には単に「戦死墓」としか刻まれなかった。

（5）大村は初代兵部大輔（次官）となり、実質的に陸・海軍を取り仕切ったが、一八六九年九月、京都の旅館で不平士族に襲われ、大坂で落命する。東京招魂社では大村の弔祭が執行され、後に同社の祭神となった（今井昭彦『反政府軍戦没者の慰霊』）。

（6）明治初年の社格制度では、神社を官社と諸社に分け、官社には官幣社と国幣社、諸社は最終的に府社・県社・郷社・村社・無格社の社格が与えられた。しかし古来、官幣社には人を祭神にした事例はなく、そこで別格官幣社という新しい社格が考案された。また天皇を祀る神社は神宮、皇族を祀る神社は宮と称された（村上重良『慰霊と招魂――靖国の思想』）。

正成をカミとして祀り顕彰することが決まると、同じく南朝のために忠死した菊池武時・新田義貞・名和長年・北畠親房・北畠顕家らの武将と、悲運の最期を遂げた南朝の皇族である護良親王・宗良親王・懐良親王を祭神とする神社創建が相次いで建議された（同上）。

参考文献

今井昭彦『近代日本と戦死者祭祀』（東洋書林、二〇〇五年）
『反政府軍戦没者の慰霊』（御茶の水書房、二〇一三年）
島薗　進『国家神道と日本人』（岩波新書、二〇一〇年）
宮田　登『生き神信仰――人を神に祀る習俗』（塙書房、一九七〇年）
村上重良『慰霊と招魂――靖国の思想』（岩波新書、一九七四年）

第八章　近代の来世観と幽冥観の展開

末木文美士

一　はじめに――来世の封印

エリザベス・キューブラー・ロス（一九二六～二〇〇四）と言えば、『死ぬ瞬間』（一九六九年）で死の受容に至る五段階説を立て、終末期医療のパイオニアとして、今日に至るまで高い評価を受けている。しかし、同書が古典として揺るぎない地位を確立したのに対して、彼女のその後の活動に関しては毀誉褒貶が著しく、多くは同書に付随する、あまり芳しくないエピソードとして語られるだけとなっている。

その最大の理由は、彼女が死に至る過程だけに留まらず、死後どうなるか、というところまで踏み込んだところにある。臨死体験や幽体離脱に関心を深め、死後の存在を確信するようになる。自伝『人生は廻る輪のように』に、「「臨死体験」や「死後生存」にかんする論文が続々とでてくるようになる時代よりずっと以前の話である。わたしたちの発見が懐疑主義者たちの格好の餌食になり、最悪の不信と嘲笑の対象になることはわかっていた」（キューブラー・ロス『人生は廻る輪のように』、三二〇頁）と記す。

しかし、彼女はひるまなかった。精力的な調査の末に、「さらに驚くべき科学的結論、すなわち、従来のような意味での死は存在しないという結論」（同、三三六頁）に達する。そして、死に至る過程の五段階に対応するかのように、臨死体験者の報告をもとに、死亡直後にも四段階があると主張している。即ち、第一期は、肉体から抜け出して浮遊する。第二期は、肉体を捨てて、霊やエネルギーとなった状態。この段階では、「死んだ人自身にもなにが起こったのかを解明するだけの時間がもてるようになる。たとえば、ＴＷＡ八〇〇便の事故で亡くなった人たちは、海岸でおこなわれた葬儀に家族といっしょに参加していただろうと、わたしは想像している」（同、三三九頁）。第三期は、守護天使に導かれて、強烈な光となって現れる愛を体験する。そして、第四期として「至高の本源」に達する、というのである。

このような死後観が、まともに受け取られなかったことは想像に難くない。今日、彼女が指摘するように、臨死体験に関する研究や報告はかなり増加し、死後の生が語られることは広く見られるようになった(1)。ダライ・ラマの教えの広がりは、死後の輪廻の観念を一般化させた（ダライ・ラマ『ダライ・ラマ「死の謎」を説く』）。しかし、やはりオカルト的なキワモノとして、十分な研究の対象とはなっていない。確かに臨死体験や輪廻をただちに科学的な実証の対象とすることには疑問があるであろう。だが、そのことは、死後の問題を封印してよいということではない。臨死体験やオカルトとは別の取り上げ方もあるはずである。

しかし、そのような議論もまた、近代の中で、まともになされることがなかった。近代は合理化・世俗化の時代と位置づけられ、科学的合理性で割り切れない死後の問題などは、問題にすること自体が否定された。神の死が宣告され、唯物論が勢力を持つようになった。宗教は無知蒙昧に由来する迷信であり、いずれは消滅すべきものと考えられた。

しかし、現実はそうならなかった。科学的、あるいは擬似科学的な装いを凝らしたスピリチュアリズムは幅広い支持を集め、宗教原理主義をはじめ、宗教復帰の傾向も著しい。それを、近代化を超えるポスト近代的動向と見る向きもあるが、むしろ近代そのものが表面的な合理化・世俗化とともに、裏面にそれでは捉えきれない非合理的・非世俗的な側面を持っていたと見るべきであろう。それが表面的な合理化・世俗化によって抑圧されることにより、思いがけないところに噴出することになる。

ちなみに、ここでは世俗化というのは、非宗教、あるいは反宗教的な動向が強まり、宗教がその領域を狭めて政教分離体制が確立するということだけでなく、宗教自体の中で、世俗超越的な僧院での修行から、世俗社会の中での活動に重点を移すことをも意味することにしたい。西洋のキリスト教で言えば、カトリックからプロテスタントへの移行に相当する。それは近代化の一つの徴表であるが、ただ、単線的に近代化が進むわけではない。その際、同時にそれと対立する反宗教改革の動向が生まれていることも忘れてはいけない。以下では、日本の近世から近代へという移行の時代の中で、来世論に焦点を当てて、合理化、世俗化の流れと、それに逆行する思想の流れが、どのように絡んで展開していくかを、事例を取り上げながら考えてみたい。

二　近世における世俗化と来世観

来世への疑義

日本の近世は、かつては封建体制の厳しい抑圧下にある暗黒時代と見られ、宗教、特に仏教は堕落して影響力を失ったと考えられてきた。近世は封建的な朱子学を正統とする儒教の時代と考えられた。しかし戦後、近代主義的な思想が主流となる中で、近世の中に近代の萌芽を見、そこに合理主義、世俗主義的な動向の形成を見るような方向が強まった。確かにこの時代、仏教は世俗倫理に重点を置くようになり、石門心学《せきもんしんがく》など、新たに世俗倫理的な教えが確立する。儒教はもともと世俗的合理主義の傾向を持つものであったが、その方向を徹底する中で、来世を批判したり、否定するような傾向が進展した。来世の霊魂や神が「鬼神」として議論の対象となった（子安宣邦『新版鬼神論』）。

例えば、新井白石《あらいはくせき》（一六五七〜一七二五）は、『鬼神論』を著して仏教の輪廻説を批判した。輪廻説は個人の霊魂が永遠の過去から輪廻を繰り返しているとするが、白石はその非合理性をつき、儒教的合理主義の立場から、陰陽の気の集散で生死を説明する。「人の生るゝ死するとは陰陽ふたつの気のあつまると散との二つにして、集れば人となり、散てはまた鬼神となる」（浅野三平『鬼神論・鬼神新論』、二八頁）というのである。即ち、もともとは陰と陽との気の集散によるものであるから、「かの人もこの人も共に一気の生ぜる処」（同、三〇頁）であり、「人死して、その魂魄のごときは常に天地の間にみち〳〵て、其気と共に運行し止む事なし」（同、三一頁）であるから、死後もその存在がなくなるわけではないが、それは個別性を超えている。

それでは、祖先を祀ることは意味がなくなってしまうのではないか。それに対して白石は、「物の精を用ることおのづから多き寡きありて、その魂魄もまたつよきよわきあり。されば其神の在すとも、亦遠き近きの霊なる事はありぬべし」（同、三三頁）と、精（＝「神のいまだあらはれざる」）を用いることの多少によって、死後の魂魄に強弱があるとする。そこに祖先を祀る意味が認められ、天子から始まり、身分が下るにしたがって、祀る祖先の数が少なくなっていく。このように、白石は儒教的な観念に従って、祖先祭祀を認めており、来世否定というわけではないが、基本的には一気の活動で生死を説明するために、生死は一貫したものとして理解され、死後の世界の不可知性は大きく減ずることとなった。

白石が合理主義的な来世批判を強めたのを、さらに一歩進めてはっきりと無鬼説を唱えたのが、山片蟠桃《やまがたばんとう》（一七四八〜一八二一）である。大阪の両替商升屋の番頭として才覚を発揮するとともに、懐徳堂に学んだ町人学者である蟠桃は、晩年、その合理主義的な唯物論を集大成した大著『夢《ゆめ》の代《しろ》』一二巻を著わしたが、そのうち、第一〇、一一巻を「無鬼」に当てており、この問題が一つの中核をなしている。その無鬼説は、死後の霊魂否定から、日本神話への批判まで雄大な規模を持ち、多数の典籍を引きながら論証している。

その基本は、「天モナク、鬼神モナキ」（水田紀久・有坂隆道『日本思想大系43富永仲基・山片蟠桃』、四八九頁）ということで、「死スルノ後ハ、血脈ナク、疼痛・寒暖・飢渇・愛悪アルコトナケレバ、万民ノ辛苦ヲカナシムノ仁心モ止ミタレバ、再ビカヘルコトナシ」（同、五一四頁）として、死後の祖霊崇拝を否定するところにある。蟠桃は、「唯天地ノ間ニ独尊ニシテ対ナキモノハ日輪ナリ」として、日輪（太陽）信仰の立場を取る。ただし、日輪は「耳目・口鼻・心志ナケレバ、視聴・言動・思慮・工夫アルコトナシ」とされ、それ故にこそ、「コレニ大ニ徳アリ」なのであり、「聖人ハコノ天心ヲ心トシテ、コノ天徳ヲタスケ、万物ノ生育ヲ導キ遂シメントス」（同）とされる。死者も日輪と同様である。「存生ニ功徳アル人ハ、死シテ後、天日ト同ジク、コレヲ敬シ、コレヲ尊トムベシ。決シテ奇妙霊験ハナキ也」（同）と言われるように、死者は霊験があるわけではないが、日輪と同じように尊崇されるというのである。

来世観の再興

こうした合理化、世俗化の思想の展開に対して、近世後期になると、改めて鬼神を肯定する思想が台頭する。それは、『古事記』に書かれたことをそのままに理屈を交えず事実として受け取るべきことを説いた本居宣長《もとおりのりなが》（一七三〇〜一八〇一）に由来するが、幽冥観に関して大きな展開を示したのは、平田篤胤《ひらたあつたね》（一七七六〜一八四三）である。篤胤を中心とする近世後期神道の幽冥観に関しては、本巻第五章（遠藤潤）に詳しいが、ここでは近代へのつながりという観点から概観しておきたい。篤胤は『鬼神新論』を著して、儒教を中心とする鬼神否定的な動向を再批判し、鬼神の存在を肯定する。

> 然れば人の生るゝ始のこと、死て後の理などを、推慮《オシハカリ》に云ふは、甚《イト》も益なき事なれば、只に古伝説を守りて、人の生るゝ事は、天津神の奇妙《クスシクタヘ》なる産霊《ムスビ》の御霊に依て、父母の生なして、死《シヌ》れば其ノ霊《タマ》、永く幽界《カクリヨ》に帰《オモム》き居るを、人これを祭れば、来り歆《ウク》る事と、在《アリ》の侭《ママ》に心得居りて、強《アナガチ》に其ノ上を穿鑿《タヅネ》でも有るべき物なり。
> （浅野三平『鬼神論・鬼神新論』、二二五頁）

即ち、人が生まれるのは産霊の神によって父母から生まれるのであり、死後は幽界に赴くのであって、それ以上穿鑿すべきでないというのである。また霊の存在に関して、儒家の陰陽説を批判している。

> その陰陽といふ物を、死物《シニモノ》とせむか、活物《イキモノ》とせむか。死物ならむには、激する事もなく、動静も有らじ。或は激し或は動静する事も有るは、決《キハメ》て活物なる事論ひなし。既に活物なる上は、霊あること論ひなし。……死物なる陰陽を動静あら令《シム》るは、決めて活物の神在て然すること疑ひなし。（同、一四二頁）

もし陰陽の活動で世界が動いているとして、その自然自体が活物であるとすれば、それを活物たらしめている霊がいなければならないし、まして死物であれば、それを動かす神がいなければならない。これは、西洋世界でも第一原因としての神の存在証明とされるものに近く、その影響があるのかもしれない。

本書では、死者の霊は「幽界」に行くとして、それ以上の探究はない。死後について詳しく論じたものとしては、『霊能真柱《たまのみはしら》』がよく知られている。篤胤が師と仰いだ本居宣長は、死後の問題に関して、

たゞ死ぬればよみの国に行く物とのみ思ひて、悲むより外の心なく、これを疑ふ人も候はず、理屈を考へる人も候はざりし也。さて其のよみの国は、きたなくあしき所に候へども、死ぬれば必ゆかねばならぬ事に候故に、此世に死する程悲しき事は候はぬ也。

（『鈴屋答問録』、本居宣長『うひ山ぶみ・鈴屋答問録』、九〇頁）

と、死後の「よみの国」を「きたなくあしき所」と描いていた。宣長にとっては、神も死後も、あくまで古典解釈の中で問題とされるのであり、それを超えたいわば神学的な議論にはきわめて慎重な態度を取っている。

宣長の弟子で、来世観に関して大きく展開させたのは服部中庸《はっとりなかつね》（一七五七〜一八二四）の『三大考』であった。『三大考』は、天地の生成の時から、天・地・黄泉《よみ》の三つが分かれるまでを十段階に分けて説明しているが、天照大御神の支配する天は日（太陽）、月読命《つくよみのみこと》の支配する黄泉は月に比定されている。

篤胤の『霊能真柱』は、『三大考』を批判的に摂取しながら、独自のまったく新しい世界観、死生観の構築をはかった。即ち、来世を地下の黄泉やあるいは遠方の極楽浄土に置くことを否定して、「冥府と云ふは、此顕国《うつしくに》をおきて、別に一処あるにもあらず、直ちにこの顕国の内いづこにも有なれど、幽冥《ほのか》にして、現世《うつしよ》とは隔たり見えず」（平田篤胤『霊の真柱』、一六六頁）と述べている。現実の世界である「顕国」と死者のい

る「幽冥」の世界は断絶したものではなく、「冥府」を「顕国」と重ねあわせ、きわめて身近なところに表象したのである。「顕国」の中に「幽冥」が潜んでいる。それは具体的にはどのような場所か。「社《やしろ》、また祠《ほこら》などを建て祭りたるは、其処に鎮まり坐《お》れども、然在《しから》ぬは、其墓の上に鎮まり居り」（同、一七二頁）と、社・祠・墓などが、具体的に霊のいる場所とされる。

もともと死者は恐るべき存在であって、生きている人たちの世界に災厄を及ぼす恐れがある。そこで丁重に祀り、生者とは隔離された場所にいてもらう必要がある。それが、近世になると、生者の世界と接近してくる。一つには葬法が進歩し、死者がきちんと埋葬されるようになったために、遺骸への恐れが減少したということもあるであろう。死者は生者の身近にいて、恩恵を与えてくれる存在ともなる。篤胤の死者論には、こうした近世的性格がきわめて濃厚に表れている。

篤胤のこのような来世観は、近代になっても日本人の来世観のベースとなっているところがある。柳田国男の『先祖の話』は、敗戦後の社会へ向けて強い危機感を伴ったメッセージであるが、その中で柳田が強く主張しているのは、「霊は永久にこの国土のうちに留まって、そう遠方へは行ってしまわない」というのが「日本人の死後の観念」だということである（柳田国男『先祖の話』、六七頁）。柳田は、「日本の学界で幽冥道の問題に注意し始めたのは、平田篤胤翁の頃からと、言ってもよいほどに新しいこと」（同、一八三～一八四頁）と認めながらも、「日本人の多数が、もとは死後の世界を近く親しく、何かその消息に通じているような気持ちを、抱いていた」（同、一八一頁）としている。しかし、実際には、葬法の発展などを考えると、こうした死者への親しさは、近世をそれほど遡ることができないのではないかと思われる。

三　近代における来世観の屈折

明治初期における幽冥論の展開と挫折

明治維新の原動力となったのは、篤胤に由来する復古神道と、水戸学系の儒学であると言われる。前者はまた分派して対抗し、それらは単に学説上の問題に留まらず、祭政一致を掲げる明治政府内の権力闘争として展開することになった。その点に関しては、原武史の優れた研究があるので、それに従って要約したい（原武史『〈出雲〉という思想』）。

原によれば、復古神道の流れは、幽冥界の支配者に関する説によって、三つに分かれる。もともと篤胤は、オオクニヌシを幽冥界の支配者としたが、それはアマテラスと、それに由来する天皇に最高権力を認める国学の原則に反する危険を持つものであった。そこで、その点に関して異説が生ずることになった。第一は、佐藤《さとう》信淵《のぶひろ》・鈴木《すずき》雅之《まさゆき》らで、「アメノミナカヌシ、タカミムスビ、カミムスビの三神を「造化三神」として重視し、「幽冥」を「造化」に包含したり、その下位概念とする方法」（同、六八頁）である。とりわけ鈴木雅之は、「アメノミナカヌシが、「造化」と「幽冥」の双方を主宰する絶対唯一の神として想定」（同、七五頁）した。第二は、大国《おおくに》隆正《たかまさ》・本多応之助らで、「オオクニヌシを無視または軽視し、あえてアマテラスを「幽冥」主宰神とする方法」（同）である。第三は、六人部《むとべ》是香《よしか》・矢野《やの》玄道《はるみち》らで、「オオクニヌシが「幽冥界」を主宰するという、篤胤神学の本質に固執する門人ないし没後門人」（同、八五頁）である。

明治新政府では、矢野玄道ら平田派がまず追放され、大国隆正らの津和野派が勢力を持ったが、それも第一の立場に立つ薩摩派によって実権を奪われ、神祇省に代わる教部省では薩摩派が優勢を占めた。その間、出雲の復権を志した出雲派の反撃もあったが、最終的に伊勢を頂点とする伊勢派が権力の中枢と結んで勢力を伸ばし、ついに一八八一（明治一四）年の勅裁で、宮中の祭神をアマテラスの系統に限ることになって、最終的な勝利を得た。それは、「幽冥論そのものが政府により正式に否認されたこと」（同、一三四頁）を意味する。幽冥論の締め出しは、祭政一致体制から完全に世俗国家に転ずることであり、近代国家体制の中で非宗教としての国家神道が確立することになる。

唯物論の形成

こうして近代日本は世俗国家として出発することになり、幕末から盛んになった来世論、幽冥論は表舞台から退けられることになった。新来のキリスト教や伝統的な仏教は、政教分離原則のもとに、信教の自由が保障されるが、彼らは最初、来世論よりも、心の問題としての信仰の確立に重点を置いた。幽冥論が退けられたように、来世論はむしろ前近代的なもので、近代化の中で排斥されるものとして、議論することが避けられた。

そのような中で、近代化の新しい動向として注目されたのは、来世否定の唯物論であった。急進的な自由民権運動の闘士で、健筆をふるった中江兆民《なかえちょうみん》（一八四七〜一九〇一）は、癌で余命の短いことを知って、遺書ともいえる『一年有半《いちねんゆうはん》』『続一年有半《ぞくいちねんゆうはん》』（ともに一九〇一年）を相次いで世に問い、ベストセラーとなった。このうち、『続一年有半』は、唯物論の立場からする初めての哲学概論とも言うべきもので、「余は断じて無仏、無神、無精魂、即ち単純なる物質的学説を主張するのである」（中江兆民『一年有半・続一年有半』、一一五頁）ときわめて明快に説いている。

即ち、「軀殻は本体である、精神は軀殻の働き即ち作用である。さればこそ軀殻一たび絶息すれば、その作用たる視聴言動は直にやむのである」（同、一二〇頁）として、精神は死とともに止むものとし、むしろ軀体（身体）のほうが元素に分解されても、「元素は、不朽不滅である」（同、一二一頁）とされる。そうであれば、死後の裁判などあるわけもない。「社会の制裁は漸次に力を得つつあるではないか」（同、一二五頁）と、社会的な正義の実現に希望をつなぎ、「宗教及び宗教に魅せられたる哲学の囈語《ねごと》を打破しなければ、真《まこと》の人道は進められぬのだ」（同）と、宗教否定の立場を明確にする。兆民は、引き続いて有神論の立場を批判し、その上で近代科学に立脚した唯物論的な哲学を展開している。兆民の立場は、あくまで科学的合理性の上に立ちながら、現実との曖昧な妥協を排し、非合理的な思考を批判していくという強い志向を持ったものであった。

しかし、兆民は単純な科学信仰に陥ることをも厳しく戒め、俗流の科学主義的な「現実派哲学」をも批判する。それは、サン＝シモンからオーギュスト・コントに流れるもので、「必ず目視て耳聴き科学的検証を経たるもののみ確実で、余は悉く不確実だといはば道理の半以上は抹殺せねばならぬことに」（同、一四二頁）なるからである。兆民は俗流の科学主義を批判しながら、むしろ精神の重要性を説く。即ち、「精神即ち軀体の作用は、軀体より発しながら、これが本体たる軀体の中に局しないで十八里の雰囲気を透過し、太陽系の天体を透過し、直ちに世界の全幅をまで領略するの能がある」（同、一五〇頁）と、精神の広大さを説く。このように見れば、兆民が単純な唯物論に収まらないことは明らかである。清沢満之や綱島梁川らの同時代の精神重視の動向（末木文美士『明治思想家論』参照）と重なるところがある。

兆民においては、来世などに頼らない精神の自立こそが理想とされた。即ち、「己れが今ま何を為しつつある、何を言ひつつある、何を考へつつあるかを自省するの能」という「自省の一能の存否、これ正に精神の健全なると否とを徴すべき証拠である」（中江兆民『一年有半・続一年有半』、一七〇頁）と、自省ということを大きく取り上げる。その力を万全に働かせることこそ大事であり、そこでは来世の賞罰など問題ではない。これは、まさしく時代の課題としての近代的な自立的自我意識の確立の問題である。ただし、兆民は単純に意識の近代化へは向かわない。「平時の修養」（同）を怠らず、幼児以来の教育によるよき習慣の習得を重視する。そこには、単純な近代主義に吸収されない、近世の儒学にも連なる独自の立場を見ることができる。

このように、兆民の唯物論的な宗教否定論は、必ずしも俗流の世俗主義的な唯物論に同ずるわけではない。しかし、世俗化の流れの中で、来世を正面から取り上げるような言説は、平田派の没落と共に言論界の表面から消え去る。その点からみれば、兆民の唯物論もまた、時代に共通する傾向を表しているということができる。

霊魂不滅論

そのような時代の中で、来世論は新たな様相をもって再出発する。それが霊魂不滅論である。唯物論が西洋由来の科学と共にもたらされた新思潮であるのと同様、霊魂不滅論もまた、キリスト教とともに取り込まれた新しい近代の問題として立ち現れる。今、「霊魂不滅」というキーワードで、国立国会図書館近代デジタルライブラリーを調べると、二〇世紀前半までの図書で計九三件がヒットするが、年代別にみると、一八九〇〜一八九九年が一一件、一九〇〇〜一九〇九年が一九件、一九一〇〜一九一九年が二六件、一九二〇〜一九二九年が二二件、一九三〇〜一九三九年が一二件、一九四〇〜一九四九年が三件となっており、一八九〇年代にこの問題が取り上げられるようになり、明治末から大正へかけての一九一〇〜一九一九年がこの議論のピークであることが知られる。

「霊魂不滅」を直接書名に謳ったものとしては、田村直臣『霊魂の不滅を信ずる理由』（一八九〇年）がもっとも古いもののようである。本書は、目次に、「善悪には屹度賞罰があると云ふ道理から是非未来がなければならぬと云ふ事が知れます」「良心は来世のある事を証拠だてます」「世界一般の人民が霊魂の不滅を信ずるは霊魂の不滅なる証拠となります」「霊魂の不滅なる教は大なる幸福を社会に与へますから、其結果を見て霊魂不滅の証とする事ができます」「聖書は明瞭に霊魂の不滅なる事を説きて来世の有様を教《おしえ》ます」等とあるように、分かりやすい筆致で世界各地の事例を引きながら、キリスト教に導くという、伝道的な啓蒙書である。信教の自由の確立により、新たな布教へと向かうキリスト教にとって、霊魂不滅と神の裁きは、核心的な問題として避けて通ることができなかった。

著名なキリスト者の著作としては、非戦論の立場を堅持し、足尾鉱山事件や廃娼問題などにも積極的に関わった柏木《かしわぎ》義円《ぎえん》（一八六〇〜一九三八）の『霊魂不滅論』（一九〇八年）が注目される。柏木は、「人々各自一生の行蹟に就て責任を負ふて、神の審判の前に立たんければならないと云ふのが、基督教の霊魂不滅論である」（柏木義円『霊魂不滅論』、三頁）という基本的立場を明確にし、その立場から唯物論を論駁し、霊魂不滅説を論証していく。即ち、第一章「身体と霊魂」では、精神の働きが脳髄に依拠することを認めながらも、あくまでも脳髄は機関であって、精神はそれと独立に存在しうることを言う。

続く第二章「自我の意識と人格」は、本書中の白眉とも言ってよいほど、力を入れて書かれている。そこでは、自然の進化を認めながら、もはやそれは人間において究極にまで達したとして、「将来の進化は、人間精神の進化である」（同、二四頁）として精神の偉大さを讃え、「天地壊滅するも、心霊は永遠不壊である」（同、二七頁）と、精神の永遠性を謳い上げる。中でも、「精神現象の本体たる「我」なる意識」に関して、「此「我」には確かに天地の根底に通じて居ると思はるゝ響きがある」（同、二八頁）と、その霊妙さを主張する。ここには、二〇世紀に入って大きく進展する自我意識の展開が反映され、清新で充実した議論がなされている。

その議論は第三章「唯物論の欠点」にも継承され、そこでもまた、「人は心霊に於ては、其無限の発展を望んで止まないのであるが、併し誰も現世に於ては決して其完全に達し得ないのである」（同、四四頁）として、来世は心霊の発展という積極的、発展的な意味を持つものとされる。そのことは、第四章「道徳と霊魂不滅」でも論じられる。「道徳」と言っても、死後の裁判の恐怖によって道徳に従わせるということではない。「肉なる我」が「一時的な我」であり、「方便なる我」であるのに対して、「霊なる我」は「永遠なる我」であり、「目的なる我」であるとする（同、五四頁）。人格主義的、理想主義的な自我観が、霊魂不滅説に直結することになる。

以下、第五章「健全なる人生観」、第六章「似而非なる霊魂不滅論」と続き、第七章「基督教の霊魂不滅論」へと導かれることになるが、一般論としての基本的な議論はほぼ上記で尽きている。このように、本書では、通俗的な霊魂不滅論を超えて、時代の課題を反映させた議論が展開されている。

こうしたキリスト教の側の議論に対して、仏教側も関心がなかったわけではない。雑誌『新仏教』では、「来世の有無」をめぐって著名人にアンケートを行い、雑誌『新仏教』第六巻七号（一九〇五年）、第一四巻一号（一九一三年）でその集計結果を公表し、その結果をめぐって議論がなされている。[2] しかし、仏教側が十分に適切に対応できたとは言い難い。そもそも霊魂不滅というテーマはキリスト教から持ち出されたものであり、仏教にふさわしい問題設定とは言えなかった。確かに仏教でも輪廻や往生が語られるが、それは永遠不滅の霊魂を認めることではない。また、第一義諦と世俗諦で説き方が異なるところもあり、複雑である。だが、そのようなややこしい議論は、時代に即応した魅力を持たなかった。また、世俗化を目指す仏教者たちは、来世の問題にそれほど深い関心を持っていたわけではなかった。

ここでは、仏教系の議論の代表として井上円了《いのうええんりょう》（一八五八〜一九一九）の『霊魂不滅論』（一八九九年）を取り上げてみよう。円了は東京帝国大学を卒業すると同時に、『哲学一夕話』『哲学要領』『真理金針』『仏教活論』などを立て続けに出版して、一躍哲学界の寵児となった。その立場は、西洋哲学を受け入れながらも、仏教を基盤において、キリスト教を排撃したところに特徴がある。その後、哲学館の創設（一八八七年）と経営に奔走して、迷信打破のための妖怪学を各地に説いて回るなど、啓蒙的な活動を主としたために、哲学に関する本格的な研究からは離れた。『霊魂不滅論』も、「通俗講義」と銘打っているように、通俗的な啓蒙を意図したもので、必ずしも深い内容を持つものではないが、この問題に対する仏教の立場をかなり詳しく展開したものとして、検討に値する。

井上は、すでに初期の哲学書において、唯物論と唯心論、無神論と有神論を対立させた上で、それらを超越しながら統一する方向を目指していた。それに比べると、『霊魂不滅論』では、唯心論を明確にする。井上は「唯物論の恃む所の唯一の武器」として、「物質不滅、勢力恒存、因果相続の三大則」（井上円了『霊魂不滅論』、四〇頁）を挙げ、その原則に従うならば、霊魂が不滅でなければならないとする。第一に、物質不滅であれば、途中から精神が生まれるということはなく（無から有が生まれることになるから）、原始物質中に精神が含まれていたはずであり、「物質不滅の理確実なれば、之と同時に精神不滅の論も成り立つ」（同、五五頁）ことになる。

第二の勢力恒存は、エネルギー恒存の法則のことであり、「精神も勢力の一種なれば、是れ亦不滅」（同、六二頁）とする。宇宙全体を活物と見て、「我々の死は宇宙の大精神より分派したる小精神が其本家本元へ還りたる道理」（同、七一頁）だとする。これはひとまず分かりやすい議論である。

第三の因果相続は、仏教の三界《さんがい》流転《るてん》・六道《ろくどう》輪廻《りんね》説に関わるが、それと第二の「宇宙の大精神」論とは矛盾しそうである。それに関しては、「仏教にては最初真如の世界に生滅の波を湧かして、真如界と生滅界との別を生ずるに至り、表面に生滅界を顕して、裏面に真如界を開きたるが今日の世界であります」（同、一一一頁）と、真如界と生滅界の関係で説明する。これは一応の説明になっているが、「生死の闇に長く輪廻するは目的とする所でなく、早く真如涅槃の岸に到りて、最楽至安の地位に住する希望」（同、一三三頁）というのは、近代の状況の中であまり魅力のある説とは言えないであろう。それ故、「生滅界より真如界へ一足飛に進入するよりも、せめて二三界位は輪廻して、色々の生滅界を見

明治22年ベルリンにおける井上円了（31歳）（東洋大学井上円了研究センター提供）

物し、後に正しく彼岸に到りたい」（同、一三四～一三五頁）と補われるが、いささか通俗に堕した説き方で、説得力がない。

このように、仏教からする霊魂不滅論は、必ずしも実りある議論に発展しなかった。もっとも、例えば釈宗演《しゃくそうえん》が一九〇六年に「霊魂不滅説」と題してアメリカで講演した中で、「吾人を誘ふて天国に連れ行かんとする者あるも、飽く迄此世に止りて、吾々の集めたる業に実を結ばしめ、其の完成を期せしめよ」（釈宗演『閑葛藤』、七〇頁）というように、仏教の立場から来世の意義を積極的に議論する可能性も十分にあったのであるが、それを実現する力が仏教界にはなかったのである。

四　国体論と幽冥論

国体論をめぐって

幕末から明治初年の幽冥論は、個人の来世の問題に留まらず、記紀神話の解釈から国家の根源を説く政治理論でもあった。それが新政府から排除されることで、世俗国家としての大日本帝国が確立することになった。しかし、それが世俗国家として完結しうるかというと、問題が残されていた。

大日本帝国憲法は天皇が臣民に与える欽定憲法であり、第一条に「大日本帝国ハ万世一系ノ天皇之ヲ統治ス」、第三条に「天皇ハ神聖ニシテ侵スヘカラス」と規定されている。その第一条に対して、公式の註釈とも言える伊藤博文の『憲法義解』では、「古典に天祖の勅を挙げて「瑞穂《ノ》国《ハ》是《レ》吾《カ》子孫可ㇾ王之地宜爾皇孫就《ユキテ》而治《シラセ》焉」と云へり」（伊藤博文『憲法義解』、二二頁）と、『日本書紀』の文を挙げて、その根拠としている。第三条に関しても、「天地剖判して神聖位を正す」（同、二五頁）という『書紀』冒頭の一節を根拠としている。もっともこの箇所は、「神聖」という言葉の出典だけとも考えられるが、少なくとも前者は「万世一系」の理論的根拠が神話の天孫降臨にあり、世俗国家の理論だけでは完結できないことを示している。そこには、否応なく歴史を超えた神話世界が関わってくる。

近代の国体神話は、もとは平田系の神道よりも、後期水戸学派の儒学に由来するとされる。その聖典ともされる会沢正志斎《あいざわせいしさい》（一七八一〜一八六三）の『新論』では、「夫れ天地剖判し、始めて人民有りしより、天胤、四海に君臨し、一姓歴歴、未だ嘗て一人も敢て天位を覬覦せしもの有らず」（会沢安『新論・迪彝篇』、一三頁）と、国体論の基礎が簡潔に表現されている。即ち、その由来が「天地剖判」以来のものであること、「天胤」が支配すること、「一姓」即ち「万世一系」であること、臣下は天位をうかがわず君臣の分を犯すことがないこと、である。

このように、日本の国体論は王権神授説と異なり、天孫降臨を通して、天皇が「天祖」アマテラスにつながるというところに基礎を置く。そのことは、記紀神話のその部分のみを取り出し、それ以外の部分を切り捨てて、神話を再構成することに他ならない。多様な展開を示す記紀神話は、天祖―天孫―天皇という一系列のみに絞られ、さらに南北朝正閏論争を通して南朝正統説が定まることで、「万世一系」が確立するのである。こうして形成された国体神話はきわめて痩せ細ったものとなり、豊かな神話的世界が展開する可能性はすべて摘み取られる。いわゆる国家神道は非宗教化され、天祖―天皇のもとに組織化された神や人間の崇拝に限定され、来世論や幽冥論は排除されることになる。来世は、「七生報国」のような形でのみ語られるようになってゆく。

これは、世俗化とはまた異なる日本近代の精神構造のあり方である。近代化は必ずしも単純に世俗化や合理化に向かうわけではなく、また、国体論をナショナリズムという一般論に解消できるわけでもない。この国体論という基本構造の中で、様々な思想的営為がなされていくのである。

国体論の中の幽冥論——鈴木重雄『幽顕哲学』

国体論は日本という特殊性に立脚して、日本の優越性を主張しようとする。それ故、そこでは普遍の論理がそのままでは通用しない。京都学派の哲学が国体の基礎づけに失敗したのは、あくまで普遍的な哲学から出発して国体を説明しようとしたためである。それ故、国体論は全体として理論として不毛で、成果に乏しい。その中で注目される哲学として、鈴木重雄[3]の『幽顕哲学』（一九四〇年）がある。本書は近代になって埋没した幽冥の問題を、国体論の枠の中で再構成し直そうとしたものである。国体論という枠に限界はありながらも、日本神話の哲学的構造の取り出しにある程度の成功を収めている。

鈴木は日本神話を分析し、その根底に、「世界の始源は生霊であつてその生霊が万般の事物を生成せしめるという思想」（鈴木重雄『幽顕哲学——日本的性格の基礎理論』、七頁）を見る。即ち、「上代人は世界を生命と観、世界の創造を世界自身の行為又は実践と観た」（同、一一頁）という生命論的な観点に立つ。それは、「世界外の意志や力に依存するものでない」（同、一二頁）のであり、「凡てのものは世界のものであり世界の顕はれであると考へ、事物の成立存在の宗源である世界我だけは有ると予定する」（同、一四頁。傍点原著者）一元論的な生成論である。

このように、もともと世界霊だけがあったのであるが、「世界霊の名状しがたい渾沌たる平均情態が破れ環境的方面に天地ができ中心的方面に神ができた」（同、二一頁）のである。「天地は遠心的に事物性を増加すべく進み神は求心的に生成性を増加すべく進むのである」（同）。このように、天地と神は逆方向に展開していく。前者が「顕」、後者が「幽」と言われ、両者が円環的にめぐることが「幽顕のめぐり」と言われる。

顕は先に述べたやうに霊が己れの現情態を否定し己れを益々新たなる形相に顕にすること、幽は己れの現情態を否定し無を指示しこれに還らうとすることであつて、幽顕のめぐりは可能的のものより現実的なものへ、現実的なものより可能的なものへのめぐりを絶えず継続することである。（同、二二頁）

即ち、顕と幽は次のように対比できよう。

顕―天地―遠心的―事物性―新たな形相―現実的なもの
幽―　神　―求心的―生成性―無への帰還―可能的なもの

世界の元神から天地と神が生成されるのが第一次の創世行為であるのに対して、こうして生成された「世界核」たる神から漸次成熟して万物を生み出していくのが第二次の創世行為である。

遂に伊邪那岐神伊邪那美神の段階に至り始めて産霊成熟の時期に達し、世界霊はその第二次の創世行為

として拡散的に万般の事物を展開し、事物的展開を一応終へたとき再び集約に遷り事物界の中核として
これを統治する天照大神を顕はしたのである。（同、二九頁）

以上、本書の創世論の一部を瞥見した。この後、さらに天照大神以後の世界展開、その中での幽と顕の関係、そして国体論、生活論など多岐にわたる議論が展開していくのであるが、いまは立ち入らない。ただ、以上を見ただけでも、きわめて雄渾な哲学が展開されていることが分かるであろう。その後の展開に関しても、例えば、天孫系と出雲系に関して、「本来幽性の高天原と本来顕性の葦原中国」が統合され、「統合前とは逆に天孫系が顕を、出雲系が幽を有つこととなつた」（同、二八四〜二八五頁）とする点など、両系の統合を単純な征服や合一と見ずに、その関係の転換というねじれと複合性を指摘していて、興味深い。

生死に関しては、「黄泉国は顕流の付属的先端であり天上は幽流の先端であると信ぜられ、死は顕流より幽流へ遷ることであるとせられた」ので、人の霊魂は死後、「光明の世界たる天上に昇る」（同、一七一頁）という説を唱えている。

鈴木の幽顕哲学は、平田篤胤からその門流において展開した幽冥論を受け継ぎ、それを近代哲学に衣替えしたものと見ることができるが、本書には平田系の神道論はほとんど言及されていない。その流れを意識的に継承したものではなく、むしろ独自の神話分析から論を形成していったものと考えられる。もちろん国体論を前提とした限界はあるが、幽と顕とのダイナミズムで世界の展開を説き、重層的に理解していくその理論は、今日でも示唆するところは大きい。私は、「顕」と「冥」の概念を用いて哲学を構築することを目指しているが（末木文美士『哲学の現場』など参照）、鈴木の幽顕哲学は、その先蹤として評価することができ

る。ちなみに、近世・近代の神道では「幽」が用いられるのに対して、中世には「冥」が広く用いられた。

国体神話を超えて——出口王仁三郎『霊界物語』

国体神話は、もともとの記紀神話を大きく歪め、世俗権力を正当化することを目指すものであった。それは、世俗権力が世俗内だけで自己の正統性を保証できない限界を示すものであったが、あくまでも目的は世俗世界にあり、それを超えた幽冥界そのものの開拓を意図するものではなかった。逆に、幽冥界に立ち入っての探求は、国体論のタブーに触れる危険を持っていた。その危険な領域にあえて立ち入り、国体神話の脆弱を嘲笑うかのように、壮大な幽冥界の物語を紡ぎだしたのが、出口《でぐち》王仁《おに》三郎《さぶろう》（一八七一～一九四八）であった。案の定、国の忌諱に触れ、大弾圧を蒙る（第一次大本事件、一九二一年、第二次大本事件、一九三五年）。

その神話の集大成である『霊界物語』八一巻は、第一次大本事件後に口述を始め、驚異的なスピードで語り継がれる。その発端は、一八九八（明治三一）年、地元の亀岡の高熊山で、一週間の霊的修行により体得したことに由来する。第一巻第一九章までは、高熊山での修行中に経巡った霊界の様子を述べているが、その構造は、天界（神界）・中有界（中界）・地獄界（幽界）の三つに分かれている。[4]「霊の礎（一）」（第一六巻付載）によると、それぞれ、次のように対比される。

神界——（神道）高天原、（仏教）極楽浄土、（キリスト教）天国
中界——（神道）天の八衢、（仏教）六道の辻、（キリスト教）精霊界
幽界——（神道）根の国底の国、（仏教）八万地獄、（キリスト教）地獄

出口王仁三郎肖像（宗教法人大本提供）

死後はまず、中界（中有）に至り、そこで「現界にありし時の行為の正邪により或は高天原に昇り、或は根底の国へ落ち行く」（「霊の礎（一）」）とされる。

　このような霊界は、生きている人たちが住んでいる顕界（現界）と切り離されているものの、全く無関係なわけではない。「すべて宇宙の一切は、顕幽一致、善悪一如」であり、「顕界の者の霊魂が、常に霊界に通じ、霊界からは、常に顕界と交通を保ち、幾百千万年といへども易ることはない」のである（第一巻第一二章）。中には、「現界に立働いてゐる生きた人間の精霊も、やはり幽界に霊籍をおいてをるものがある。これらの人間は現界においても、幽界の苦痛が影響して、日夜悲惨な生活を続けてをるものである」（第二巻総説）というような場合もあるという。現界（顕界）と霊界（幽界）は密接に関係している。「神界と幽界とは時間空間を超越して、少しも時間的の観念はない。それゆゑ霊界において目撃したことが、二三日後に現界に現はれることもあれば、十年後に現はれることもあり、数百年後に現はれることもある。また数百年数千年前の太古を見せられることもある」（第一巻第一八章）のである。

　このように、『霊界物語』は、「霊界」と銘打ちながら、この現界への強い関心に貫かれている。その物語の大部分は、神話的物語と言ってよいが、別世界としての霊界のことではなく、この現界の成立から、主として三五万年前の太古に地上で起こった話である。その基本の筋は、第一巻の序に、「この『霊界物語』は、天地剖判の初めより天の岩戸開き後、神素盞嗚命が地球上に跋扈跳梁せる八岐大蛇を寸断し、つひに叢雲宝剣をえて天祖に奉り、至誠を天地に表はし五六七神政の成就、松の世を建設し、国祖を地上霊界の主宰神たらしめたまひし太古の神代の物語および霊界探険の大要を略述し」と要約されている。

スサノオが天界を追放され、遍歴の末に八岐大蛇を退治し、その体から得た叢雲《むらくも》剣をアマテラスに奉ずるというのは、『古事記』にも出る話であるが、ここではいささか異なっている。第一に、ここで剣を奉ずる「天祖」は、アマテラスではなく、「大宇宙を総括する素神《ス》」（飯塚弘明『霊界物語入門ガイド』、八三頁）であるという。それによって、「国祖を地上霊界の主宰神たらしめ」るのである。「国祖」は、この世界を統治していた国常立尊《くにのとこたちのみこと》である。国常立尊は邪神の陰謀で艮《うしとら》の方向に押し込められてしまい、「艮の金神」となるが、それを救い出すのがスサノオの役目である。(5) その結末は、『霊界物語』には描かれないが、「艮の金神」が出口直《なお》に神憑りして、世界の救済に乗り出すことになる。それを助ける王仁三郎がスサノオの役割を果たすことになって、神話は現実の問題につながる。

これはもはや、アマテラス―天皇に一元化された国体神話の枠を完全にはみ出し、神話的支配者・救済者は天皇ではなく、出口直・王仁三郎になってしまう。それが国家権力の逆鱗に触れ、第二次大本事件での徹底的な教団破壊を招くことになる。ただ、それは直ちに反権力や反国家を意図したものではなく、王仁三郎はむしろ日本ファシズムの進展や帝国の海外雄飛に手を貸す一面をも持っている。そう考えると、反国体神話というよりは、国体神話が基づく記紀神話を超えた超国体神話と言うべきかもしれない。また、神話と言いながら、太古の地上の話として展開する点で、超古代史であり、戦前の偽史の代表とされる竹内文書（竹内文献）(6) とも近い性質を持っている。しかし、『霊界物語』は、はっきりと偏狭な日本優越主義を批判し、「この物語もまた決して日本のみに偏重したことは述べていない。世界一統的に神示のままに記述してあるのだ」（第四七巻序文）と、日本主義を超え出てしまうところで、竹内文書などと一線を画する。実際、『霊界物語』の舞台は世界中にわたり、その半分くらいは、日本ではなくイランやインドを舞台にしている（飯塚弘明『霊界物語入門ガイド』）。

『霊界物語』はあまりに壮大過ぎて、近代思想史における位置づけはいまだ明確にされていない。国体神話による一元化の強制が、幽冥論を徹底的に抑圧したことで、かえってそれが思わぬところから噴出したものとも言うことができる。それはさらに言えば、近代主義的な世俗化、合理化にも徹底して逆らい、霊界の豊饒さを取り戻そうとする根源的な志向をも持つものであった。それがアカデミズムやジャーナリズムの知識人の中から生まれることがなく、彼らを離れた民衆宗教の場で展開したこともまた、日本近代の一つの特徴と言えよう。

五　おわりに——新たなる死の哲学へ

一九四五年の敗戦は、思想のあり方をも大きく変えた。明治以後の国体論と国家神道が否定され、封印される中で、その陰に隠れていた近代主義、合理主義が復活し、主流となる。欧米近代がモデルとされ、世俗主義が徹底され、さらにはマルクス主義の唯物論が先鋭を担うことで、反宗教的、非宗教的な風潮が一般化された。経済が優先され、それとはかけ離れた死や来世、そして死者の問題はタブーとなった。広島への原爆投下は、多数の悲惨な死者を生んだが、それを記念するいわゆる原爆死没者慰霊碑は、正式には「広島平和都市記念碑」であり、死者の「慰霊」のためのものではないとされる（末木文美士『他者・死者たちの近代』、一六八頁)。

こうした風潮の中で、ただ一人、果敢にも死者の問題を追究し続けた哲学者が田辺元《たなべはじめ》(一八八五〜一九六二)であった。京都大学教授として、多くの若者を戦地に送り出した田辺は、哲学への懐疑から『懺悔道の哲学』(一九四六年)へと向かったが、そこで扱った親鸞から、その後キリスト教に転じ、キリストの死―復活の問題を突き詰めようとする。だが、それでは解決を得られずに、再び仏教に向かう。こうして、ついに最晩年に「死の哲学」を確立して、ハイデガーと対決する長大な論文「生の存在論か死の弁証法か」や、珠玉のエッセー「メメント　モリ」などを執筆した(田辺の「死の哲学」に関しては、末木文美士『他者／死者／私』第三章参照)。

そこには一方で、妻の死(一九五一年)をきっかけとした死者の問題が切実化したという個人的事情とともに、他方で、アメリカのビキニ沖環礁での核実験による第五福竜丸の被爆(一九五四年)という事態を受け、「今日のいわゆる原子力時代は、まさに文字通り「死の時代」」(「メメント　モリ」、藤田正勝編『田辺元哲学選Ⅳ　死の哲学』、一三頁)という切実な時代認識があった。

こうして、田辺は「生の哲学」に代わる「死の哲学」を提唱することになる。その際、田辺が手掛かりとしたのが、『碧巌録《へきがんろく》』第五十五則の道吾一家弔慰の話である。これは、田辺の要約に従うと、次のような話である。


生死の問題に熱中する若年の僧漸源が、師僧の道吾に随って一檀家の不幸を弔慰したとき、棺を拍って師に「生か死か」と問う、しかし師はただ「生ともいわじ死ともいわじ」と言うのみであった。……そののち道吾他界するに及び、漸源は兄弟子にあたる石霜に事のいきさつを語ったところ、石霜もまた不道不道（いわじいわじ）というのみであった。漸源ここに至って始めて、……先師道吾が自分の問に答えなかったのは、彼をしてこの理を自ら悟らしめるための慈悲であり、その慈悲いま現に彼にはたらく以上は、道吾はその死にかかわらず彼に対し復活して彼の内に生きるものなることを自覚し、懺悔感謝の業に出でたというのである。

（「メメント　モリ」、同、一八〜一九頁）

ここには、まさしく死後もなお弟子を導く師の慈愛が、死を乗り越えてはたらくことが示されている。キリストの死－復活が、キリストという特定の神＝人においてのみ可能であったのに対して、これは、誰であっても可能となる「大乗仏教特有の菩薩の在り方」（同、二五頁）であり、こうして結ばれる死者と生者の関わりを、田辺は「実存協同」と呼ぶのである。このような菩薩観は、禅に限られるものではなく、大乗仏教すべてにわたる根本的な実践のあり方と言えよう。

ところが、田辺によるこの重要な問題提起は、長い間、田辺研究者によっても、仏教研究者によっても見逃され、その再発見はごく最近のことに属する。そこには、田辺の飛び抜けた先駆性があるとともに、死の問題を完全に閉ざし、不問に付そうとする、長く続いた近代主義の不毛の時代があったのである。

田辺以後、まったく別のところで「死者」の問題を提起したのは、歴史学者上原専禄《うえはらせんろく》（一八九九〜一九七五）の『死者・生者』（一九七三年）であった（末木文美士『他者・死者たちの近代』参照）。戦後の進歩的な歴史学の先頭を歩んでいた上原は、晩年妻を喪い、そこに医療過誤があったのではないか、という疑問から、死者とともにこの世界の不正を問い詰めるという「死者との共闘」という思想に結実する。「死者が裁く」

というエッセーで、上原は、「今日の日本社会というものは、どうやら生者だけの世界になっている」(上原専禄『上原専禄著作集』二六、四二頁)と告発する。だが、「死者を排除して生活を処理しようとした瞬間、人間というものは死者にたいしてたちまち利己的・独善的な存在と化することを覚悟しなければならない」(同、四三頁)のである。上原の視座はさらに、「アウシュビッツで、アルジェリアで、ソンミで虐殺された人たち、その前に日本人が東京で虐殺した朝鮮人、南京で虐殺した中国人、またアメリカ人が東京空襲で、広島・長崎の原爆で虐殺した日本人」(同、四五頁)へと広がり、生者が死者を裁くのではなく、逆に死者こそが生者を裁く資格を持つというところにまで至る。まさしく、死者を忘れた近代に対する痛烈な批判である。

この上原の死者論もまた、長い間打ち捨てられていた。晩年、上原は深刻な人間不信から、所在を明かさずに京都に隠れ住み、妻の廻向に努めたという。田辺も、上原も、そして本章冒頭に取り上げたキューブラー・ロスも、死者や死後に言及した途端に、近代社会からはじき出され、まともに相手にされなくなったのである。

三・一一以後、突然、死者の問題があちこちで大きく語られるようになった。死者を語る者をひたすら迫害し続けた過去を忘れたかのように、一種、流行現象とも化した死者論が、一体どれだけ本当に思想としての深みを持つものであろうか。それとも、じつは死者を打ち捨てるための、口先だけの死者との融和に過ぎないのか。それは、これからの歴史の流れが明らかにしてくれるであろう。

(1) 日本で出されたものとして、カール・ベッカー『死の体験』(法蔵館、一九九二年)、立花隆『臨死体験』二巻

（文春文庫、二〇〇〇年）、矢作直樹『人は死なない』（バジリコ、二〇一一年）など。最後のものは、救急救命医による死後論として、話題となった。

（2）坂本慎一は、実業家の松下幸之助と新仏教運動との関係を指摘しているが、松下は霊魂不滅の問題にも関心を持っていたという（坂本慎一『戦前のラジオ放送と松下幸之助』、PHP研究所、二〇一一年、七六〜七八頁）。

（3）鈴木重雄は、数冊の著書があり、また『理想』などの雑誌に論文を出しているが、経歴不明。その幽顕哲学に関するほとんど唯一の研究である二瓶孝次「幽顕哲学研究（一）」（『釧路論集　北海道教育大学釧路分校研究報告』一四、一九八二年）によると、鈴木は「長い間ある官庁に奉職しておりまして、傍ら哲学の研究を行ない、定年退職してから自分の研究をまとめて」出版したという。なお、『幽顕哲学』の存在については、高橋勝幸氏（総合研究大学院大学研究生）からご教示いただいた。

（4）以下、『霊界物語』の引用は、飯塚弘明によるウェブ・サイト『霊界物語ネット（レモン）』（http://reikaimonogatari.net/）による。ただし、ルビは省く。

（5）『霊界物語』がスサノオを主人公とすることから、原武史はそれを復古神道の出雲系思想の継承とみている（原武史『〈出雲〉という思想』、一四五頁以下）。それは一応認めうるが、『霊界物語』では、大国主は、バラモン教の教主として悪役になっている。

（6）竹内文書については、布施泰和『「竹内文書」の謎を解く』（成甲書房、二〇〇三年）、藤原明『日本の偽書』（文春新書、二〇〇四年）など参照。

参考文献

飯塚弘明『霊界物語入門ガイド』（オニド・プロダクション、二〇一一年）
　　『超訳霊界物語』（太陽出版、二〇一三年）
末木文美士『明治思想家論』（トランスビュー、二〇〇四年）

『他者／死者／私』（岩波書店、二〇〇七年）
『他者・死者たちの近代』（トランスビュー、二〇一〇年）
『哲学の現場』（トランスビュー、二〇一二年）
ダライ・ラマ『ダライ・ラマ「死の謎」を説く』（大谷幸三訳、角川文庫、二〇〇八年）
原　武史『〈出雲〉という思想』（公人社、一九九六年）

執筆者紹介

島薗 進（しまぞの・すすむ）
1948 年生まれ。東京大学大学院博士課程単位取得退学。現在、上智大学教授、東京大学名誉教授。

朴澤直秀（ほうざわ・なおひで）
1971 年生まれ。東京大学大学院博士課程単位取得退学。現在、日本大学准教授。

中嶋 隆（なかじま・たかし）
1952 年生まれ。早稲田大学大学院博士後期課程満期退学。現在、早稲田大学教授。

谷口眞子（たにぐち・しんこ）
1960 年生まれ。早稲田大学大学院博士後期課程満期退学。現在、早稲田大学准教授。

岩田重則（いわた・しげのり）
1961 年生まれ。早稲田大学大学院博士後期課程満期退学。現在、中央大学教授。

遠藤 潤（えんどう・じゅん）
1967 年生まれ。東京大学大学院博士課程単位取得退学。現在、國學院大學准教授。

瀧澤利行（たきざわ・としゆき）
1962 年生まれ。東京大学大学院博士課程修了。現在、茨城大学教授。

今井昭彦（いまい・あきひこ）
1955 年生まれ。成城大学大学院修士課程修了。現在、神奈川大学・群馬大学・筑波大学非常勤講師。文筆家。

末木文美士（すえき・ふみひこ）
1949 年生まれ。東京大学大学院博士課程修了。現在、国際日本文化研究センター教授、東京大学名誉教授。

シリーズ日本人と宗教――近世から近代へ
第三巻　**生と死**

2015年1月20日　第1刷発行

編　者＝島薗　進／高埜利彦／林　淳／若尾政希
発行者＝澤畑吉和
発行所＝株式会社春秋社
〒101-0021　東京都千代田区外神田2-18-6
電話　(03)3255-9611（営業）　(03)3255-9614（編集）
振替　00180-6-24861
http://www.shunjusha.co.jp/
印刷・製本＝萩原印刷株式会社
装　幀＝伊藤滋章

ISBN 978-4-393-29943-2　C0014　Printed in Japan
定価はカバーに表示してあります

シリーズ日本人と宗教——近世から近代へ　全六巻

編者　島薗進／高埜利彦／林淳／若尾政希

第一巻　**将軍と天皇**　序章　江戸幕府と朝廷［高埜利彦］／第一章　神仏習合と近世天皇の祭祀［山口和夫］／第二章　伊勢神宮と東照宮［曽根原理］／第三章　江戸幕府と陰陽道・暦道［林淳］／第四章　近世社会における南都寺院と門跡［水谷友紀］／第五章　明治維新と神祇官の「再興」［井上智勝］／第六章　明治維新と仏教［田中潤］／第七章　明治初期の国家神道［島薗進］／第八章　明治国家とキリスト教［星野靖二］

第二巻　**神・儒・仏の時代**　序章　神・儒・仏の時代［若尾政希］／第一章　「天道」思想と「神国」観［神田千里］／第二章　神・儒・仏の交錯［若尾政希］／第三章　近世仏教と民衆救済［養輪顕量］／第四章　神・儒・仏の三教と日本意識［前田勉］／第五章　民衆信仰の興隆［神田秀雄］／第六章　「復古」と考証［高橋章則］／第七章　近代的世界像と仏教［岡田正彦］／第八章　宗教概念と日本［オリオン・クラウタウ］

第三巻　**生と死**　序章　死生観の近世と近代［島薗進］／第一章　寺檀制度と葬祭仏教［朴澤直秀］／第二章　浮世の思想と文芸・芸能［中嶋隆］／第三章　殉死・仇討ち・心中［谷口眞子］／第四章　先祖・浄土・成仏［岩田重則］／第五章　平田国学と幽冥思想［遠藤潤］／第六章　養生論とその宗教的世界［瀧澤利行］／第七章　人神信仰と戦没者慰霊の成立［今井昭彦］／第八章　近代の来世観と幽冥観の展開［末木文美士］

第四巻　**勧進・参詣・祝祭**　序章　勧進と霊場［林淳］／第一章　本山・本所・頭支配の勧進の宗教者［高埜利彦］／第二章　寺社参詣と「寺社の名所化」［青柳周一］／第三章　霊場の形成と御師の活動［福江充］／第四章　都市における富くじ・開帳・祭礼［滝口正哉］／第五章　近世後期の勧進・施行と祝祭［幡鎌一弘］／第六章　教派神道と宗教者・芸能者［小松和彦］／第七章　巡礼の近代化［セーラ・タール（翻訳：高橋原）］／第八章　創られた聖地［畔上直樹］

第五巻　**書物・メディアと社会**　序章　書物・メディアと社会［若尾政希］／第一章　仏書出版の展開と意義［万波寿子］／第二章　「仮名草子」の書き手と読み手［柳沢昌紀］／第三章　僧侶の教養形成［松金直美］／第四章　書物と呪術・秘伝［小池淳一］／第五章　地域の歴史叙述［山本英二］／第六章　講釈と出版のあいだ［引野亨輔］／第七章　近代における出版・メディアと宗教［小川原正道］／第八章　雑誌と宗教文化［大谷栄一］

第六巻　**他者と境界**　序章　自他認識の近世・近代［林淳］／第一章　近世秩序における「邪」の揺らぎ［大橋幸泰］／第二章　女人禁制［宮崎ふみ子］／第三章　女性宗教者の存在形態［西田かほる］／第四章　身分制社会のなかの宗教者［梅田千尋］／第五章　近世寺院が「他者」を包摂するとき［西木浩一］／第六章　蝦夷地・北海道に暮らした人びとの信仰と宗教［谷本晃久］／第七章　近世琉球の霊魂観と救済［知名定寛］／第八章　迷信・淫祠・邪教［桂島宣弘］